칼 야스퍼스 읽기

세창사상가산책7

칼 야스퍼스 읽기

초판 1쇄 인쇄 2014년 11월 10일
초판 1쇄 발행 2014년 11월 15일

-

지은이 정영도
펴낸이 이방원
기획위원 원당희
편집 조환열 · 김명희 · 안효희 · 강윤경
디자인 손경화 · 박선옥
마케팅 최성수

-

펴낸곳 세창미디어
출판신고 2013년 1월 4일 제312-2013-000002호
주소 120-050 서울시 서대문구 경기대로 88 냉천빌딩 4층
전화 02-723-8660
팩스 02-720-4579
이메일 sc1992@empal.com
홈페이지 http://www.sechangpub.co.kr/

-

ISBN 978-89-5586-215-7 04160
      978-89-5586-191-4 (세트)

이 도서의 국립중앙도서관 출판시도서목록(CIP)은 서지정보유통지원시스템 홈페이지(http://seoji.nl.go.kr)와
국가자료공동목록시스템(http://www.nl.go.kr/kolisnet)에서 이용하실 수 있습니다.
CIP제어번호: CIP2014031476

세창사상가산책 | KARL JASPERS

칼 야스퍼스 읽기

정영도 지음

7

세창미디어

머리말

칼 야스퍼스는 오늘날 마르틴 하이데거와 더불어 철학, 문학, 예술, 정치, 사회 등 다양한 분야에 걸쳐 많은 영향을 미치고 있다. 구체적으로 말하면 야스퍼스는 1930년대와 1940년대에는 정신분석학에 커다란 영향을 미쳤고, 초기의 실존철학을 현실 사회에 적용시키는 데도 엄청난 영향을 미쳤다. 1950년대와 1960년대에는 실존철학의 융성과 실존철학의 정치철학으로의 접합에도 크게 기여했다.

특히 1930년대와 1940년대에 야스퍼스는 나치 독일의 전체주의적 독재와 나치즘의 세계 지배에 대하여 강력하게 저항하기도 했다. 그는 또한 자기의 실존적 이성의 철학에 근거하여 인간성, 자유, 인권을 짓밟는 나치 독일의 전체주의적 독재 및 잔혹을 냉철한 철학적 정신으로 고발하고 자유정신을 다시 찾아서 그것을 시대정신으로 현실화하고자 하는 행동을 실천적으로 보여주기도 했다.

야스퍼스의 이러한 철학적 정신의 저항은 아돌프 히틀러로부터 유대인 출신 아내 게르투르트 마이어와의 이혼 강요, 대학에서의 강의 박탈, 저작물의 출판 금지, 그리고 마침내는 이 모든 금지 사항을 불이행할 때에는 정치수용소에 수용시킨다는 협박을 불러일으켰다.

히틀러의 나치 독일에 대하여 보여준 저항은 야스퍼스로 하여금 20세기 현대철학의 두 거장 가운데 한 사람인 하이데거와는 상반되게도 존경과 사랑을 만끽하도록 했다. 비록 이러한 존경과 사랑을 받고 있는 가운데서도 다른 한편으로는 전후 독일의 복구와 부흥이라는 중차대한 역사적 전환기에 조국을 버렸다는 신랄한 비판을 수반하고 있다고 하더라도 히틀러의 전체주의 독재에 대한 그의 저항은 소크라테스의 정의의 정신을 연상시킨다. 따라서 (전전戰前의) 그의 불굴의 철학적 정신과 저항의 행적은 야스퍼스에 대한 지식인들의 관심을 환기시키기에 충분했다.

더욱이 전후 세계가 초고도산업사회, 타율적 관리사회, 그리고 그것으로 말미암아 나타난 비인간화로 빠져들면서 나타난 고독, 불안, 절망은 사람들로 하여금 자연스럽게 야스퍼스의 철학에서 극복의 지혜를 갈망하게끔 했다. 오늘날 야스퍼스의 철학이 주목되고, 연구되고, 수용된 것은 이 시대의 운명인 것 같다.

특히 IT산업의 첨단을 걷고 있는 한국에서 사람과 사람 간의 뜨거운 가슴으로 맺어지는 (너와 나의) 대화가 실종되고 사람과 스마트폰, 사람과 인터넷 간의 관계로 인한 인간부재의 사이버세계가 출현하고 있는 상황에서 야스퍼스의 실존적 상호소통의 촉구는 한국에서 야스퍼스 철학의 수용과 자기화에 대한 절실한 당위성을 인식시켜주고 있는 것 같다.

이러한 당위성과 요청에 부응이라도 하는 듯 세창미디어가 기획한 『칼 야스퍼스 읽기』는 야스퍼스 철학을 생애 내내 연구해온 저자에게는 매우 감동적인 경탄을 자아내기에 충분하다.

끝으로 이 책을 집필함에 있어 필자의 지우知友인 쿠르트 잘

라문 교수의 『Karl Jaspers』, 베르너 쉬슬러(Werner의 Schüßler)의 『Jaspers zur Einführung』, 신옥희 교수의 역서 『계시 앞에 직면한 철학적 신앙』 및 『철학적 신앙』을 주로 참고하였기에, 이 세 분의 교수에게 감사와 외경을 드린다.

2014년 11월
저자 정영도

1

야스퍼스의 생애

1
청년시절 대학에서의 정신병리학 연구

칼 테오도르 야스퍼스Karl Theodor Jaspers는 1883년 2월 23일 독일 북해연안 도시 올덴부르크Oldenburg에서 태어났다. 그의 아버지 칼 빌헬름 야스퍼스karl Wilhelm Jaspers는 대학에서 법학을 전공했다. 그의 아버지는 29세라는 젊은 나이로 부챠딩엔Butjadingen(올덴부르크에 있는 마을)의 판사장이 되기도 했다. 훗날 그는 관직에서 벗어나 자유로운 생활을 하기 위해 1896년 이후 자기가 경영해 온 올덴부르크의 저축은행장에 취임했다.

그의 아버지는 연대성, 성실성, 독립성이 아주 투철했다. 그의 어머니는 놀라울 정도로 명랑했으며, 주위 사람들에게 감동을 주는 성격을 지니고 있었다. 그의 어머니 헨리에테 탄첸Henriette Tantzen은 유복한 농가 출신이었다. 막내 외삼촌은 올덴부르크 주지사를 지냈다. 야스퍼스와 그의 두 명의 남동생, 그리고 여동생은 그들이 부모로부터 받은 교육에 대해 다음과 같이 쓰고 있다.

우리가 받은 교육은 성실성에 대한 강렬한 요구라는 말로 특징 지을 수 있는, 그러면서 역시 논란의 여지없이 그리스도교적인 것에 대한 무시라는 말로 특징지을 수 있는 보수적 자유주의적 세계관에 기초해서 이루어졌다. _SchW 84*

1892년에 야스퍼스는 그리스어와 라틴어도 가르치는 유서 깊은 김나지움에 들어갔다. 김나지움에서 수학하는 동안 야스퍼스는 자기의 정신적 독립성으로 말미암아 교장과 잦은 갈등을 일으키기도 했다. 1894년에는 평생 동안 그를 괴롭힌 기관지 확장증 및 이차적 심부전증이라는 질병에 걸렸다. 이러한 질병에 시달리면서도 그는 1901년 김나지움을 졸업했다. 바로 그해 야스퍼스는 하이델베르크대학 법학부에 들어가서 법학을 공부했다. 1902년에 그는 뮌헨대학 법학부로 옮겨가서 거기서도 계속 법학을 공부했다. 다시금 질병이 그를 엄습하는 바람에 그는 스위스에 있는 실스마리아로 거처를 옮겨 요양을 했다.

---

* 출처는 도서명의 약어와 페이지 번호만 기입. 약어는 이 책의 237쪽 참고.

대학에서 첫 3학기 동안 법학보다는 주로 미술사와 철학에 전념했으며 그 후 법학 연구를 중단하고 의학을 공부했다. 특히 이러한 연구 변화에 중대한 영향을 미친 것이 있다면 그것은 야스퍼스의 삶을 결정적으로 규정짓고 또한 그의 철학을 효과적으로 진행시킨 그 어떤 사정이었을 것이다KJ 11. 여기서 말하는 어떤 사정이란 그가 치유하기 어려운 희귀 폐결핵에 걸려 있었고, 따라서 당시 의학으로는 매우 짧은 수명이 예상되었음을 의미한다. 그는 바로 이러한 사정을 18세에 경험해야 했다. 그가 이 질병 상태를 어떻게 체험했고 어떻게 극복했는가에 대해서는 철학적 자서전에서 객관적인 자기분석과 냉정으로 다음과 같이 쓰고 있다.

나의 삶에서 모든 결단은 나의 현존재의 근본적 사실에 의해서 언제나 제약되었다. 어릴 때부터 나는 기관지가 허약했다. … 질병을 염려한다고 해서 질병이 생활의 내용이 될 수는 없었다. 질병을 거의 의식하지 않고 적절하게 치료하기도 하고, 마치 질병에 걸려 있지 않은 것처럼 연구에 전념하는 것이 과제였다. 모든 것이 질병에 맞추어 조정되지 않으면 안 되었다. 나는 여러 번 과오를 범했다. 질병의 결과로 나타나는 불가피한 것들이 항상 닥쳐와서는 모든 계획에 관여했다. … 질병의 결과는 연구 방식을 규정하는 내적 자세에 영향을 미쳤다. 의미가 충만한 삶을 살기 위해서는 끊임없이 삶에 집중해야 했다. 나는 여유를 가지고 진행하는 연구 방법, 본질적인 것의 파악, 불현듯 떠오르는 착상, 그리고 신속한 계획 수립에 의존하고 있었다. 어떤 좋은 순간도 놓치지 않고 어떤 처지에서라도 연구를 계속하고자 하는 집요한 행위에 기회는 있었다. 질병이 가져온 다른 또하나의 결과는 내가 주의 깊게 지키고 있는 전제 아래에서만, 그리고 항상 단시간 동안만 공공장소에 나타날 수 있었다는 사실이다. 중요한 예외적인 경우에만 나는 내 정상적인 건강 상태가 손상을 입는 희생을 치르고라도 강연을 위한 출장이나 공식적인 학술논문 발표회의 참여를 받아들였다. _Aut 12ff.

1902년에 야스퍼스는 베를린대학에서 의학을 공부하다가 1903년에 괴팅겐대학으로 옮겨 거기에서도 의학을 공부했다. 그는 1906년에는 다시금 하이델베르크대학으로 가서 의학을 보다 열정적으로 공부했다. 하이델베르크대학에서 의학을 공부하는 도중 야스퍼스는 1907년에 그의 의과대학 동료 학생이었던 에른스트 마이어Ernst Mayer의 소개로 그의 누이인 게르트루트 마이어Gertrud Mayer를 알게 되고 그녀와의 실제적인 교제와 영원한 사랑을 체험했다.

야스퍼스는 그녀와의 첫 만남에 대해서 다음과 같이 썼다.

내가 1907년 24살의 나이로 게르트루트 마이어와 만났을 때 고독, 우울, 자의식, 이 모든 것이 변했다. 내가 그녀의 오빠와 함께 처음으로 그녀의 방에 들어갔던 순간을 지금도 잊을 수 없다. … 우리는 이미 오래전부터 서로를 알고 있었던 것처럼 곧장 삶의 중대한 근본문제에 대해 대화를 나누는 것도 당연하게 생각하였다. 첫 순간부터 우리 사이에는 결코 예상하지 못했던 이해하기 어려운 일치가 있었다. _Aut 15

훗날 그의 아내가 된 게르트루트 마이어와 사랑을 나누던 중 1908년에 그는 「향수와 범죄Heimweh und Verbrechen」라는 논문으로 의학박사 학위를 받았다. 의학박사 학위를 취득하고 난 다음 1909년 그는 하이델베르크대학에서 의학 공부를 마쳤다. 곧 이어 그는 하이델베르크대학 부속 정신병원에서 무급으로 견습 연구조교로 근무하게 된다. 그 당시 이 병원의 지도자이자 탁월한 뇌세포학자였던 니슬Nissl은 야스퍼스의 학위논문을 높이 평가하고 있었다. 이 부속병원의 의사와 연구자들을 지배하고 있던 건설적인 비판과 학문적으로 생산적인 토론 분위기에 대해 야스퍼스는 훗날 회상에서 여러 번 고마움을 표시했다. 이러한 정신적으로 성과가 많은 분위기 속에서 6년 동안 집중적으로 학문연구에 몰두했고, 특히 이 기간 중에 「질투에의 망상」, 「인격의 발달인가 병적 과정인가라는 문제에 기여하는 하나의 시론」(1910), 「지능검사의 방법과 치매의 개념」(1910), 「정신병리학에서의 현상학적 연구 방향」(1912), 「망상지각의 분석에 대해서」(1911), 「조발성 치매증(정신분열증)에서의 운명과 정신병 사이의 인과관계 및 명백한 연관」(1913)과 같은 논문을 발표했다.

정신병리학자로서 야스퍼스의 연구 활동의 정점을 이루는 시기는 『일반정신병리학』(1913)이라는 저서를 출판했을 때이다. 이 책은 야스퍼스의 이름을 널리 알렸으며, 그 결과 그는 제1차 세계대전 중에 하이델베르크대학의 의학부학장으로부터 니슬의 후임자로 정신의학강좌의 교수가 되어 달라는 제의를 받았다. 그러나 그는 자신의 병을 고려해 이 제의를 거절하지 않으면 안 되었다. 그는 이 저서가 야기한 반향으로 고령에 이르기까지 세계정신의학회 명예회원으로 있었다.

1910년에 야스퍼스는 게르트루트 마이어와 결혼했다. 그들의 결혼생활은 매우 행복했다. 그러나 나치 시대에는 게르트루트가 유태인이기 때문에 커다란 외적 시련을 참아내야 했다KJ 14. 이 시련을 함께 견뎌낸 두 사람의 관계는 야스퍼스가 저서를 집필할 때 긴밀한 정신적 협력으로 나타났고, 따라서 인간 사이의 상호소통에 관한 철학적 사유로 구체화되었다.

2
하이델베르크대학 교수시절, 철학함으로의 길

1913년 야스퍼스는 『일반정신병리학*Allgemeine Psychopathologie*』의 출판으로 빈델반트Windelband로부터 철학부의 심리학 교

수 자격을 획득했다. 이 당시 가끔 괴팅겐에 머무르면서 후설 Edmund Husserl로부터 초청을 받아 철학적 담소를 많이 나누기도 했다. 1914년에는 에른스트 블로흐Ernst Bloch며 게오르크 루카치Georg Lukacs 등과도 교우관계를 맺기도 했다.

야스퍼스는 1909년부터 막스 베버Max Weber와 서로 알고 지냈다. 베버는 사상가로서도 인격자로서도 그에게 가장 많은 영향을 미쳤다. 1916년에 야스퍼스는 하이델베르크대학 심리학 객원교수가 되었다. 1919년에 『세계관의 심리학』이라는 책을 출판했다. 이 저서로 말미암아 1920년에 하이델베르크대학의 정교수가 되었다. 이것은 그가 이전에 그라이프스발트Greifswald대학과 킬Kiel대학에서의 철학과 교수직을 수락해달라는 제의를 거절한 이후의 일이다. 그때부터 수년이 지난 후 야스퍼스는 명성 높았던 동료 교수이자 빈델반트의 후계자로 하이델베르크대학에 초빙되어 와 있던 신칸트학파 철학자인 리케르트H. Rickert와 많은 논쟁을 벌였다.

1920년에 야스퍼스는 프라이부르크대학의 후설을 통해서 하이데거와 서로 알게 되었고, 수년 후에 하이델베르크대학에서 많은 성과 있는 대화를 나누었다. 그와는 신칸트학파를 거부하고 있다는 점에서 일치했다. 그러나 1933년 하이데거가 짧은 기간이나마 나치 정권에 참여했다는 이유 때문에 하이데거와의 관계는 중단되고 말았다. 훗날 야스퍼스는 당시 하이데거와의 관계를 다음과 같이 썼다.

처음부터 우리 관계는 열정적인 것은 아니었다. 우리 관계는 깊은 본질에 기초한 우정은 아니었다. 외적 여러 사정에 의해서 또 태도와 언어에 의해서도 다소의 격차가 있어서 혼란스러웠다. 그래서 우리 사이의 기분은 분명하지 않았고 다만 몇 시간 동안의 멋진 대화로써만 순수하고 담백한 기분에 이를 수 있었다. _Aut 96f.

1922년에 야스퍼스는 하인리히 마이어Heinrich Maier 교수의 후임으로 하인리히 리케르트의 반대에도 불구하고 하이델베르크대학 철학과 정교수로 유임되었다. 이때 그는 『스트린트베르크와 반 고흐』를 출간했다. 이 책의 출간에 뒤이어 1923년에 『대학의 이념』을, 1931년 10월에는 『시대의 정신적 상황』을, 12월에는 『철학 I, II, III』을 출간했고 1932년에는 『막스 베버』를 출간했다.

1931년에 많은 시리즈로 출판되던 소책자들 가운데 하나로 『시대의 정신적 상황』은 이 시대의 정신적 상황을 분석해 제시하고 있지만, 여기서 유럽의 현실 정치의 정세와 독일에서 국가사회주의가 장차 크게 위협이 될 것이라는 것을 심각하게 고려하지 않고 있다. 이 때문에 그는 사람들로부터 자주 비난을 받아왔다. 이러한 비난에 대해 그는 사실은 그 당시 국가사회주의의 위협이 심각해질 것이라는 점을 이미 예상하고 있었고, 따라서 그러한 위협상황이 현실로 나타나면 경고하지 않을 수 없을 것이라는 생각을 마음속에 품고 있었다라고 말하고 있다KJ 17.

1930년 9월에 이 소책자가 완성되었는데, 이때는 벌써 국가사회주의가 처음으로 성공을 거두었던 제국의회 선거가 공포되고 있었다. 이 저작을 집필할 즈음에 나는 파시즘에 대해서는 조금밖에 알지 못했고 국가사회주의에 대해서는 거의 알지 못했다. 나는 독일에서조차 국가사회주의가 미친 짓을 자행하리라고는 생각조차 못했다. _Aut 72

이 저작에 의해서 야스퍼스의 명성은 높아갔고, 그는 하이데거와 나란히 독일의 위대한 실존철학자가 되었다. 그는 1935년과 1938년 『이성과 실존』 그리고 『실존철학』이라는 강의록을 출판했다.

1933년 국가사회주의가 대두하면서 야스퍼스는 대학행정위원직을 박탈당하고 동시에 대학에서 세미나를 금지당하면서 사실상 대학 당국으로부터 추방당한 셈이 되었다. 1937년 그는 아내 게르트루트 마이어가 유태인이라는 이유로 아내와의 이혼을 강요받았다. 그는 나치 정권의 이 강요를 거부했다는 이유로 교수직을 박탈당했다. 1938년에는 비공식적으로 출판금지를 명령받았고 1943년에는 공식적으로 출판금지 명령을 받았다.

유태인 아내와의 이혼을 거부한 이유로 해서, 특히 종전 직전 끊임없이 생명의 위협을 받는 가운데, 야스퍼스와 그의 부인은 1945년 4월 14일 강제수용소로의 이송이 예정되어 있었다.

1940년에 그의 부친이 죽었고 1941년에는 그의 어머니가 죽었다.

1945년 4월 1일에 미국군이 하이델베르크를 점령했다. 드디어 나치 정권이 붕괴됨으로써 야스퍼스는 하이델베르크대학의 조직적 재건에 참여했다.

나치가 지배하던 기간에 자신이 "유죄가 될 수 있는 무위의 상태"Aut 75에 있었다는 국가사회주의의 체험과 아마도 가능했을지 모를, 이른바 그러한 태도에 대한 자기비판은 1945년 이후 그에게 정치적 시대문제와 실제의 정치문제에 대한 공공연한 입장 표명의 동기를 유발했다.

1946년에 야스퍼스는 하이델베르크대학 명예평위원이 되었고, 제1회 제네바 국제회의에서 「유럽정신에 대하여」를 발표했다. 바로 같은 해에 하이델베르크대학 교수회에서 「대학의 살아 있는 정신에 대하여」를 강연했다. 야스퍼스는 뒤이어 정치철학적인 최초의 저서인 『죄책론』을 저술했다. 이 저서에서 그는 나치 정권 아래의 독일민족과 한 사람 한 사람의 독일인이 저지른 죄를 논의했다.

1947년에 야스퍼스는 게오르크 루카치와의 논쟁을 감행했고, 프랑크푸르트 암 마인 시 괴테상을 수상했다. 이 수상식에서 「우리의 장래와 괴테」라는 제목으로 연설했다.

그리고 그는 『진리에 관하여』라는 방대한 명저를 출간했다.

3
바젤에서의 마지막 활동

 야스퍼스는 1948년 2월에 파울 헤버린Paul Häberlin 교수의 후임으로 스위스 바젤대학 교수로 취임했다. 하이델베르크대학의 많은 동료 교수와 수많은 독자가 실망했다. 그들은 야스퍼스가 실로 자유민주주의 독일공화국 건설의 어려운 상황을 외면하고, 그들의 기대를 저버리고, 그들을 버렸다고 생각했다. 이러한 현실적 사태를 냉철하게 인식하고 있었던 야스퍼스는 죽기 얼마 전에 그 당시 하이델베르크로부터의 탈출 동기에 대해서 다음과 같이 말했다.

 우리를 내쫓았던 것은 분명 다음과 같은 것이었다. 유태인 대량학살의 결과들을 용납할 수 없었다는 것, 총체적 범죄국가로부터의 철저한 멀어짐, 대학에서의 노력에도 불구하고 닥쳐온 나의 고립화, 정부의 적대행위, 허사가 되고 만 노력으로 인한 과중부담, 나의 철학 연구의 무력함 등이다. _SchW 180

특히 중요한 것은 야스퍼스가 하이델베르크에 실망했다는 점이다. 독일연방공화국의 건설과 독일 대학 재건 과정에서 야스퍼스가 국가사회주의의 붕괴 후에 기대했던 '정신적·도덕적 방향 전환' 또는 '사고방식'의 근본적인 변화가 일어나지 않았던 것이다.

1949년에 그는 제네바 국제회의에서 「새로운 휴머니즘의 조건과 가능성에 대하여」를 강연했다. 그는 바로 이해에 그의 역사철학을 피력한 저서인 『역사의 근원과 목표』를 출간하기도 했다.

야스퍼스가 1961년까지 가르치고 1969년 2월 29일에 죽었던 바젤에서 전개한 신문 및 잡지에서의 왕성한 활동으로 말미암아 많은 저서들이 주로 정치적인 시사문제를 다루고 있다. 이러한 저서들로서는 『현대의 이성과 반이성』(1950), 『원자폭탄과 인류의 장래』(1958), 『자유와 재통일』(1960), 『독일연방공화국은 어디로 가고 있는가』(1966) 등이 있다. 종교적 신앙을 지지하는 입장과의 대결은 『철학적 신앙』(1948), 『계시에 직면한 철학적 신앙』(1962)이라는 저서에 구체화되어 있다.

그뿐만 아니라 야스퍼스는 철학사와 관련된 저서들도 출간했다. 이러한 저서들로서는 『니체와 데카르트』(1936), 『셸링』 (1955), 『니콜라우스 쿠사누스』(1964), 『위대한 철학자들』(1957) 등이 있다.

1957년 그는 헬무트 플레스너Helmut Pleßner의 회갑기념 논문집에 「칸트의 영구평화를 위하여」라는 논문을 기고했다.

1958년에는 독일출판 평화상을 수상했다. 그는 또한 보스턴 시 미국 인문과학 아카데미 명예회원 그리고 다름슈타트 언어와 시작詩作을 위한 독일 아카데미 명예회원이 되기도 했다.

1959년에 야스퍼스는 에라스무스 상賞을 수상했고, 파리대학에서 명예학위를 수여받는가 하면 젠프Genf대학에서 명예 문학박사 학위를 받았다.

1961년에 야스퍼스는 바젤대학에서 정년퇴임했다. 그다음 해에 야스퍼스는 바젤대학에서 명예 의학박사 학위를 수여받고 『계시에 직면한 철학적 신앙』을 출간했다. 1963년에 올덴부르크 재단상을 수상했다. 올덴부르크 시 당국으로부터 명예시민으로 천거되기도 했다. 그는 서독 연방정부의 공로훈장을 거부하기도 했다. 또한 탄생 80주년 기념논문집 『작품과 영향』을 간행했다. 1964년에 프랑스 공로상을 수상했다. 그리고 『철학적 사고의 작은 학교』를 출간했다. 1965년에 뤼티히Lüttich 국제평화상을 수상했다. 또한 정치평론집 『희망과 우려』를 출판했다.

야스퍼스의 이러한 저작물들 이외에도 그가 남긴 유고 속에는 부분적으로 완성된 여러 장, 엄청난 수의 주석, 발췌, 구성 초안 등으로 이루어진 방대한 자료가 『세계철학사』라는 거대한 기획의 구현을 기다리고 있다KJ 20. 그의 비서이자 조교였고 야스퍼스 철학사상 연구의 최고 권위자인 한스 자너Hans Saner는 이 유고 속에 있는 방대한 자료들 가운데 중요한 부분을 1981년 두 권의 책, 즉 『위대한 철학자들, 유고 I, II』로 출판했다.

그 후에도 우리들의 관심을 모으고 있는 많은 유고가 계속해서 발간되어 나와야 하는데 아직 출판되지 않고 있다. 그 많은 유고들 가운데는 전혀 교정되지 않은 채로 대충 완성된 저서의 초고, 여러 곳에서 행한 강연 원고 및 강의 노트, 그리고 방대한 양의 자전적 정보가 될 수 있는 손으로 쓴 메모, 정신병리학, 정치 및 현대사, 체계적인 철학, 철학사와 관련한 여러 자료들이 있다KJ 20.

야스퍼스가 남긴 유고에는 약 3만 5천 장의 손으로 쓴 메모지와 2만 5천 통의 편지가 포함되어 있다. 이 모든 사실을 생각해 본다면 우리는 야스퍼스가 평생 동안 병고에 시달렸음에도 불구하고 엄청난 연구 업적물들을 남겨 놓았다는 데 깊은 인상을 받게 된다.

1967년에 야스퍼스는 바젤 시민권을 획득하면서 독일 여권을 반환했다. 1969년 2월 26일 아내 게르트루트의 90세 생일에 86세의 나이로 영원히 잠들었다.

2

철학과 과학

야스퍼스는 철학을 과학 및 종교로부터 구별짓는 가운데 철학의 본질을 획득하고자 시도하고 있다. 야스퍼스에 따르면 철학은 과학이나 종교에 예속되지 않고 그것들로부터 구별짓는 가운데 자기 스스로 새롭게 일어서지 않으면 안 된다는 것이다JE 29.

야스퍼스는 1941년에 『나의 철학에 관하여』라는 자전적 회고에서 과학이란 무엇인가라는 물음에 대하여 다음과 같이 쓰고 있다.

나는 청년기에 철학을 지식으로서 탐구했다. 내가 듣고 읽은 학설들은 이러한 주장을 받아들이는 것같이 생각되었다. 학설들은 기초를 지었고, 증명했고, 반박했고, 다른 모든 지식과 필적했고, 개별대상 대신에 전체를 지향했다. 그러나 대부분의 철학이론과 많은 과학이론이 어떤 확실성도 지니지 않았다는 것을 경험했다.

이러한 경험으로부터 다음과 같은 근본물음이 생겼다. 즉 본래적으로 과학이란 무엇인가? 과학은 무엇을 할 수 있는가? 과학의 한계는 어디에 있는가? _RA 48f.

야스퍼스가 볼 때 과학은 인간의 경험적 현존재가 속하는 인식 가능한 세계를 탐구하는 것을 사명으로 삼는다KJ 126. 과학은 자연 내의 여러 가지 현상과 작용 연관, 인간의 여러 가지 행위, 언명, 사상 및 사상의 가능성까지도 연구한다. 세계 내에 나타나는 것과 경험적 합리적 사고에 의해 접근할 수 있는 일체의 것이 과학의 대상 영역에 속한다UZG 112. 비록 야스퍼스가 자기 사유의 발전 과정에서 자기의 과학 이해를 약간 수정했다고 하더라도 본질적 특징에서는 그의 사상 초기 단계에서 보여주었던 과학 이해 그대로이다. 그는 과학이 객관적이고 보편타당하며 인간에게 고도의 확실성과 확신을 주는 강제적·대상적 지知를 포함한다는 견해를 표명하고 있다. 따라서 야스퍼스는 과학이 전달하는 강제적 확실성 및 하나의 확고한 근거에 대해서 말하기도 하고 또는 구상적具象的으로 과학의 회의주의에 대해서 방어할 가치가 있는 과학들의 단호한 현실성에 대해서 말하기도 한다.

야스퍼스는 1913년에 쓴 『일반정신병리학』에서 과학적 인식의 신뢰성과 확실성에 대해서 다음과 같이 말하고 있다.

과학은 보편타당한 강제적 인식이다. 과학은 의식적이며 누구에 의해서도 확인할 수 있는 방법에 의해서 기초 지어져 있고, 언제나 하나하나의 대상에 관계하고 있다. 과학이 하나의 결과를 가지고 온다면 이 결과는 실제로 유행적으로 채용되는 것으로서뿐만 아니라 일반적·지속적으로 그 가치가 인정된다. 과학적으로 인식된다는 것은 사상事象 일반을 이해할 수 있는 오성이 강제적 올바름을 멀리할 수 없는 것으로 제시하기도 하고 입증해 보이기도 한다는 것이다. … 과학은 어떤 길을 위해서도 과학의 일반적 기준들, 즉 보편타당성, 강제적 통찰, 방법적 명석성, 의미심장한 논의 가능성 등을 준비하고 요구한다. _AP 642

1
철학과 과학의 상호관계

야스퍼스는 철학과 과학을 그 근원에서부터 이질적이라고 주장하고 있다. 그러나 철학과 과학이 방법적 전달이라는 면에서 합리적 형식을 취하고 있다는 점에서 공통성을 가지고 있기도 하다. 그렇다고 하더라도 철학과 과학은 서로 그 근원을 달리하고 있다. 야스퍼스의 다음과 같은 말은 이 입장을 잘 반영하여 준다.

철학은 과학이 아니고, 오히려 과학으로부터 자기를 구별하는 데서 명석해진다. _Ph I 318

과학이 하나의 대상을 가지는 데 반하여 철학은 일체의 대상성의 근거로서 전체를 대상으로 가진다. 과학은 의심할 여지없는 정확하고 엄밀한 인식을 가지는 데 반하여 철학은 절대적인 진리, 즉 무제약적인 진리를 가지고자 한다. 과학은 몰

인격적인 사귐 및 논의의 양식을 취하는 데 대하여 철학은 실존적인 사귐 및 논의의 양식을 취한다학위논문 16.

과학은 보편타당적·강제적·객관적 지식, 즉 모든 사람이 승인하지 않을 수 없는 인식을 추구한다. 과학이 추구하는 이러한 지식은 만인에 대하여 동일하게 타당하다. 그러나 과학의 이러한 지식은 나의 고유한 삶이나 결단에 대하여 결정적인 의미를 가지지는 않는다.

이와는 반대로 철학이 탐구하는 진리는 개별적이고 보편성이 없기는 하지만, 전체적으로 통일된 것이며 그리고 나에 대하여 무제약적이다. 즉 그것은 타자에게까지 동일하게 타당한 의미를 가지지는 못할지라도 지금 여기 있는 나에게는 바꿀 수 없는 진리이다학위논문 17.

야스퍼스는 과학적 진리가 가지는 보편타당성과 철학적 진리가 가지는 무제약성이 현실에서는 아주 상이하면서 이질적으로 나타나는 극명한 전형을 갈릴레오 갈릴레이와 조르다노 브루노의 진리이해의 대비를 통해서 아주 설득적으로 보여주고 있다. 야스퍼스는 『철학적 신앙』에서 이 양자 간의 상이성의 예증을 다음과 같이 서술하고 있다.

신앙과 지식(철학과 과학)은 구별된다. 조르다노 브루노Giordano Bruno, 1548-1600는 신앙했고(철학함을 했고), 갈릴레오 갈릴레이 Galileo Galilei, 1564-1624는 인식했다. 구체적으로 말해서 브루노는 '지구가 태양의 주위를 돈다'라는 코페르니쿠스의 지동설을 철학적으로 확신했고, 갈릴레이는 지동설을 과학적으로 인식했다. 그 당시 이탈리아는 '태양이 지구의 주위를 돈다'는 천동설을 국법으로 정하고 있었다. 이 국법을 위반한 자는 화형을 받도록 되어 있었다. 따라서 브루노와 갈릴레이는 종교재판에 회부되어 죽음을 위협받는 가운데 지동설을 철회할 것을 요구받았다. 철학자로서 브루노는 재판장인 국왕의 철회 위협에 대하여 "지동설이 가진 진리는 내가 그것을 위해 살고, 그것을 위해 죽을 수 있는 그런 진리요 동시에 그 진리는 곧 나 자신이고 나 자신이 그 진리이다. 내가 지동설을 철회한다는 것은 내가 진리를 훼손하는 것이면서 동시에 내가 나 자신을 부정하는 것이니" 나로서는 지동설을 철회할 수 없다고 말하면서 국왕의 명령을 거부했다. 브루노는 결국 화형에 처해졌다.

이와 반대로 갈릴레이는 종교재판에서 국왕에게 "지동설

을 철회한다"고 굴종적으로 말했다. 갈릴레이는 마침내 화형을 면했다. 갈릴레이는 지동설을 철회하면서 다음과 같이 말했다. "지구가 태양 주위를 돌지 않고 태양이 지구 주위를 돈다고 내가 말한다고 해서 지구가 태양 주위를 도는 것을 중지하겠는가! 내가 '지구는 태양 주위를 돌지 않는다'고 말하고 있는 순간에도 지구는 계속 태양 주위를 돌고 있는데, 내가 나의 생명을 바꾸어가면서 굳이 그것을 부정할 필요가 있겠는가!"

브루노와 갈릴레이의 차이는 지동설을 철회함으로써 훼손되는 그러한 진리와 어떠한 철회에도 손상되지 않는 진리 사이의 차이이다.

옳다는 것이 증명될 수 있는 진리는 나 없이도 존속한다. 증명될 수 있는 진리를 위해 죽으려고 하는 것은 적당치 못한 일일 것이다. 그러나 사물의 근원을 깨달았다고 확신하는 철학자는 진리 자체를 훼손시키지 않으면서 자기의 주장을 철회할 수는 없다고 한다. 여기에 브루노의 진리를 위한 죽음의 비밀이 있다GI 11. 요컨대 철학자가 자기의 사상과 하나가 되는 것, 그것이 순수한 철학함의 징표이고 유한한 사물에 관한 지식과는 달리 증명 불가능한 진리에 대한 확신의 표적이다GI 11.

야스퍼스는 브루노와 갈릴레이의 종교재판에서 나타난 철학적 사유와 과학적 인식의 상이성에 대한 진술을 통해서 인간의 실존과 자유의 차원을 올바르게 평가하는 권한을 철학에만 부여하고 있는 것 같다.

요컨대 철학은 가치의 관점과 과학적 사실 인식의 혼동과 싸우고 또 과학의 의미 부여가 순수한 과학적 수단에 의해서는 이루어질 수 없음을 분명히 한다. 그러므로 야스퍼스는 이러한 입장을 다음과 같이 쓰고 있다.

과학적 인식은 삶을 위해 어떠한 목표도 줄 수 없다. 과학은 자기 자신에 대해서 분명해질수록 더욱더 결정적으로 과학 자신이 도달하기 어려운 다른 근원을, 즉 우리의 자유를 지시한다. 과학은 자기 자신의 의미에 대한 물음에 관해서는 어떤 해답도 줄 수가 없다. 과학의 존재 당위성은 과학적으로는 증명할 수 없는 하나의 근원적 지식욕에 의존하고 있다. _RA 67

철학은 가치와 의미의 물음에 관해서는 과학에 대한 하나의 지도적 임무를 가지고 있다. 과학적 연구의 가치 있는 목표, 과학이 인간 생활과 사회 속에서 인정하고 있는 과학의 의미와 목적, 과학의 윤리적 문제, 정치에 대한 과학의 관계 등은 과학이 답할 수 있는 문제가 아니고, 오히려 철학이 답하는 권한을 가진 문제다KJ 133f.

철학은 인식론과 과학이론의 과제를 실현함으로써 과학에 대해서 메타학문Metadisziplin으로서 작용한다. 철학은 과학의 구조, 한계, 전제에 관해서 성찰을 시도한다. 철학의 절박한 목표는 존재 의식의 각성에 있고, 따라서 이러한 의식의 기초에서 본래적 자기존재, 실존적 자유, 초월자 등의 가능성이 인식된다. 과학의 전제들과 한계들을 반성한다는 것은 야스퍼스에게는 강제적으로 알 수 있는 것에 과학을 한정하는 것과 마찬가지로 인간의 본래성과 자유라는 차원을 ―객관화하는 과학적 사유에 의한 규제로부터― 보호하는 자유주의적 표상에 봉사하기 위해서이다KJ 134.

철학과 과학의 관계에 대한 야스퍼스의 이해에서 특히 중요한 점은 연구활동 목표의 방향을 정하는 것과 과학의 의미를 부여하는 것이 문제일 때는 과학이 철학의 도움을 필요로 할 뿐만 아니라, 철학이 그 본래의 과제를 의식하기 위해서는 과학을 필요로 한다는 점이다KJ 134. 과학적 인식의 흔적을 이해한다는 것은 과학이 더 이상 이룰 수 없는 것과 철학의 과제가 시작하는 곳을 과학의 한계로 보기 위한 불가결한 전제로서 나타난다. 그러기 때문에 철학자는 전문과학에 잘 단련되어 있어야 하고 "언제나 과학적 인식과 관계하면서 살아가지 않으면 안 된다"PW 14.

이러한 입장으로부터 야스퍼스는 경험적·합리적 사유양식을 다른 실존철학자들과도 같이 결코 경시하지 않는다. 다른 실존철학자들은 야스퍼스에게 처음부터 인간의 실존적 본래성과 관련해 소외와 구상의 기능을 사유하도록 영향을 미치고 있다. 이러한 영향을 받는 가운데 야스퍼스는 실존적 본래성에 합치하는 주체적·실존적 사유를 소외와 구상화의 기능에 대립시키고 있다KJ 135. 야스퍼스에게 실재의 엄격함과 과학의 강제성을 항상 새로이 관통하는 것은 실존적 철학함과 본래적 자기존재 및 자유의 차원으로 비약하기 위한 불가결한 조건이 되고 있다KJ 135.

2
과학의 본질

야스퍼스는 과학은 일반적으로 세계 내 현상적인 어떤 것에 대한 지식을 자각적 방법에 의해서 구하고, 그 지식의 필연적 확실성과 보편타당성을 인식하고자 시도한다고 주장한다학위논문 13. 그러므로 과학은 첫째 방법적 인식, 둘째 필연적 확실성, 셋째 보편타당성을 그 특징으로 삼는다고 주장한다UZG 109ff.

야스퍼스는 정신병리학을 전공한 젊은 정신병리전공의 겸 정신병리학과 조교로서 정신병리 관련 환자를 치유하는 과정에서 과학으로서 정신병리학의 한계를 절감했다. 정신병리학의 한계 인식에서 과학 일반의 한계를 발전적으로 파악하고 있었던 야스퍼스는 과학이 추구하는 진리에 만족할 수 없었다. 야스퍼스는 자기의 전 저작을 통해서 과학의 한계성을 자각하고 있었다. 그가 제시하고 있는 과학의 한계성은 대체로 세 가지로 요약될 수 있다E 7-8.

① 과학적 사물 인식은 존재인식이 아니다. 과학적 인식은 특수적이고 특정의 대상을 지향하고 있고, 존재 그 자체를 지향하고 있지 않다. 그러므로 과학은 철학적으로 바로 지知를 통해서 알지 못함을, 즉 존재 자체가 무엇인지에 대한 알지 못함을 가장 결정적으로 알도록 해준다.

② 과학적 인식은 삶에 대해서 어떠한 목표도 줄 수 없다. 과학적 인식은 어떤 타당적 가치도 정립하지 않는다. 과학적 인식 그 자체로서는 이끌어갈 능력이 없다. 과학적 인식은 그 명석성과 확고부동성에 의하며 우리 삶의 다른 또 하나의 근원을 지시하고 있다.

③ 과학은 자기 자신의 의미에 대한 물음에 대하여 아무런 해답도 주지 못한다. 과학이 존재한다는 것은 충동에 그 근거를 두고 있다. 충동 자체는 과학적으로 참되고 반드시 존재해야 하는 것으로서는 증명될 수 없다.

야스퍼스에게 과학이 과학일 수 있는 까닭은 과학이 자기의 한계를 자각하는 데 있다. 이것이 곧 과학적 태도의 불가결한 요인이 된다UZG 124.

야스퍼스는 과학이 자기의 한계를 넘어서서 그 무엇을 주장하고 설명하고자 할 경우 과학은 잘못된 기대로, 즉 과학적 미신으로 오도하게 된다고 역설한다UZG 125.

3
과학의 의의

야스퍼스는 과학과 철학 가운데 어느 것도 배제해서는 안 되고 어느 한쪽을 다른 한쪽에 동화시켜서도 안 되며 다른 한쪽의 이익을 위해 어느 한쪽을 비하시켜서도 안 된다고 강조하고 있다. 요컨대 과학과 철학 간의 상호의존을 간과해서는 안 된다. 철학은 과학을 무시할 수 없다.

과학적 방법을 교육받지 못하고 과학적인 관심을 부단히 생동감 있게 가지지 못하는 철학자는 불가피하게 실수를 저지르거나 오류를 범하고 말 것이다. 어떤 관념이 과학적 탐구의 냉철한 검토를 받지 않는다면 그 관념은 감정과 격정의 불꽃

속으로 사라져버리거나, 아니면 무미건조하고 편협한 광신주의로 빠져들고 말 것이다.

야스퍼스는 철학에 대한 과학의 적극적인 의의와 불가결성을 다음과 같이 논의하고 있다E 8-9.

첫째, 최근 수세기 동안 방법적·비판적으로 순화된 과학은 철학과 대조됨으로써 철학과 과학의 애매한 혼합을 처음으로 인식하고 이것을 극복할 수 있는 가능성을 가져다주었다. 이 인식은 곧 철학이 사물 인식의 영역으로 파고드는 그 월권을 막는 것이 되므로 그와 같은 과학의 길이 철학을 위하여 불가결한 것이다.

그리고 보다 일반적으로 말해서 존재 그 자체를 시간 및 공간 내에서 물리적으로 현존하는 것과 동일시하는 것이 바로 과학적 미신의 본질이다. 무엇을 소유하고 맛보고 지각하며 확신하고 있는 바를 인식하고자 하는 평균인은 미신을 지향하는 경향이 있다. 다시 말해서 이러한 평균인은 절대적 존재를 과학적 인식의 대상에서 찾고자 하는 과학적 미신으로 지향하는 경향이 있다VW 806. 과학적인 교육은 우리로 하여금 거짓되고 권위주의적인 주장들에 대해서 면역시켜준다.

둘째, 연구하고 또 그것에 의해서 대상에 관한 강제적 인식을 제공하여주는 과학들만이 모든 현상의 진상 앞에 우리를 직면시킨다. 과학이 있어야만 나는 비로소 어디에서고 그것은 이렇다라는 명백한 지식을 습득하게 된다. 철학하는 자가 과학과의 끊임없는 접촉을 결여할 때는 마치 장님과도 같기에 언제까지나 밝은 세계인식을 얻지 못하게 될 것이다.

셋째, 철학하는 것은 두말할 것도 없이 몽상이 아니라 진리탐구이므로 과학적 태도나 사고방식을 받아들여야 한다. 다시 말해서 철학은 과학이 인간의 세계정위die Weltorientierung, 世界定位를 도와주는 데 그 의의가 있는 한 과학에 의존하지 않으면 안 된다. 왜냐하면 철학은 현실성, 즉 상식적인 사실들을 충분히 가지고 있지 못하기 때문이다KIP 41.

과학적 태도란 그 특색을 말한다면 우리가 습득하는 강제적 지식을 그렇치 못한 지식으로부터 항상 구별하고, 우리가 타당하다고 간주한 지식조차도 그것이 현상에 대한 지식인 한 근본적으로 한계를 가지는 것이라고 인식하는 태도를 시사한다. 과학적 태도란 더 나아가서는 과학자가 자기주장에 대한 어떠한 비판도 감수한다는 마음의 준비이다. 과학자에게는 비판이 생활조건이다. 자기의 통찰을 그 속에서 검증하기 위해서는 아무리 질문을 받더라도 아직 부족한 바가 있다. 정당하지 못한 비판을 받는 일조차도 진정한 과학자에게는 생산적 작용을 한다. 비판을 회피하는 자는 본래 알려고 하는 의욕이 없는 자이다. 과학적 태도 및 사고방식의 상실은 동시에 철학함의 성실성의 상실이다.

이러한 모든 논의가 함께 어울려서 철학이 과학에 묶여 있음을 보여주고 있다. 철학은 여러 과학을 파악하는 데 있어서 그것들 고유의 의미가 현실적으로 드러나도록 한다. 철학은 여러 과학 속에 공존하면서 과학 속에서 꼬리를 물고 자라나는 독단론을 분쇄한다. 그러나 철학은 무엇보다도 과학에 대한 적대로부터 과학성을 옹호하는 의식적인 보증인이 된다. 철학적으로 산다는 것은 한없이 과학을 의욕하는 신념과 떨어질 수 없다. 그러므로 야스퍼스는 다음과 같이 말하고 있다.

철학적 사유에서 과학적 인식은 불충분한 계기이다. _PsW 318

과학적인 지식은 본래적인 무지에 도달하는 유일한 길이다. 그

러므로 철학하는 자는 과학적인 지식으로 매진한다. _RA 252

　과학과 과학적 지식은 과학이 다룰 수 없는 영역, 그리고 과학과는 다른 종류의 진리가 있다는 과학 자신의 한계를 자각함으로써 무제약적인 지知를 구하는 인간의 욕구에 대해서 자기의 무지를 자각하게 한다. 더 나아가서 과학은 과학적 진리와는 다른 진리까지도 싸잡는 포괄적인 진리를 탐구하는 철학적 물음을 낳는 것이다학위논문 15. 한마디로 말해서 철학 쪽에서 볼 때 과학은 유한하고 근사치적近似值的이지만, 철학은 과학과 관련하지 않을 수 없을 뿐만 아니라 과학을 거부하거나 포기해서는 안 된다고 야스퍼스는 역설하고 있다학위논문 16.

3

철학과 종교

야스퍼스는 철학이 지니고 있는 고유한 성격과 독자적인 근원을 부단히 새롭게 인식하기 위해서 ―철학 자체를 영속적으로 성찰하는 가운데― 종교와 논쟁하는 것을 철학자의 불가결한 과제라고 생각하고 있다. 철학과 종교 사이의 공통성, 차이 그리고 유사성을 논의할 경우 철학의 고유성과 근원은 자연스럽게 또는 시사적으로 드러난다.

야스퍼스는 철학과 종교 사이에는 단절된 대립이 있다고 주장하기도 한다. 그러므로 그는 어떤 한 사람이 철학자이면서 동시에 종교적 신앙자가 된다는 것이 결코 적절할 수 없다는 전제로부터 종교에 대한 논쟁의 출발점을 삼고 있다. 철학과 종교의 관계에 대한 야스퍼스의 시각은 다음과 같은 문장에 잘 나타나 있다.

철학과 종교 간의 대립·긴장은 절대적이다. 본래적인 신앙인은 신학자가 될 수 있다. 그러나 신앙인은 자기붕괴 없이는 철

학자가 될 수 없다. 철학자 자신은 자기부정 없이는 신앙인이
될 수 없다. Ph I 294

야스퍼스는 이러한 언명에도 불구하고 철학과 종교가 반드
시 절대적 대립·긴장 관계에 있다고만 단정적으로 말할 수는
없다고 주장하기도 한다. 양자 간의 관계는 절대적 대립·긴
장에서는 올바르게 인식되기 어렵다는 것이 야스퍼스의 생각
이다. 고전적 전통철학은 사실 언제나 철학과 종교를 구별했
지만, 양자를 상호관계 속에 두었다. 고전적 전통철학에 따르
면 신앙은 인간의 이성 영역에서도 또한 하나의 역할을 맡아
서 행하고, 이성은 초자연적인 영역에 대해서도 마찬가지로
중요한 의미를 부여하고 있기도 하다.

　여하튼 야스퍼스는 철학과 종교 사이에는 본질적인 차이가
있다고 주장한다. 구체적으로 말해서 종교는 필연적으로 예
배와 신앙공동체와 결합해 있고 신화로부터 분리될 수 없다.
그러므로 야스퍼스는 다음과 같이 말하고 있다.

　세속적이거나 신성하지 못한 것으로부터 경계 지어진 것으로서

신성한 것, 즉 세계 내에 나타난 신성한 것의 형태를 가지는 초월자와 인간 사이의 현실적 관계가 종교에 속한다. 이러한 관계가 이미 현존하지 않거나 거부될 때 종교의 고유한 것이 소실된다. _GI 62

종교의 이러한 성격과는 반대로 철학은 예배나 성직자에 의해서 인도되는 공동체에 대해 알지 못하고 "세계 내에서 다른 세계 현존재로부터 구별된 신성한 것도 알지 못한다"GI 62. 종교가 특정한 장소에 한정시키는 것이 철학에서는 도처에서 언제나 현재할 수 있다. 철학은 사회학적으로 현실적이지 않은 자유로운 관계에서, 즉 공동체의 보증도 없이 개인에게서 생긴다. 철학에는 의식儀式도 없고 근원적으로 현실적인 신화도 없다. 철학은 자유로운 전통 안에서 그때마다 변화되면서 자기화된다. 철학은 비록 그것이 인간으로서의 모든 인간에게 속하는 것이라고 하더라도 개인의 문제다GI 62.

종교는 주로 신체성에 큰 비중을 둔다. 철학은 다만 살아 있는 확신을 요구할 뿐이다. 종교에서 본다면 철학자의 신은 빈약하고, 창백하고, 공허하다. 종교는 철학적 입장을 경멸적으로 '이신론理神論, Deismus'*이라고 부른다. 철학에서 본다면 종교적 신체성은 기만적 은폐이며 잘못된 접근으로 규정되고 있다. 종교는 철학자의 신을 단순한 추상이라고 거부하며, 철학은 종교적 신의 형상을 비록 그것이 아무리 위대한 것이라고 하더라도 우상에 불과하다고 규정하여 신뢰하지 않는다Ph I 62.

1
계시신앙에 대한 비판

야스퍼스에 의하면 종교에서 계시의 객관성은 역사적·일회적 사실에 대한 유한적 통찰로 고정화된다. 계시의 객관성은 역사적 초월함을 분명히 표현한 것으로서의 상징적 성격을 더 이상 가지지 못하고 오히려 신의 직접적인 말로서 응고

---

* 이신론이란 세계를 창조한 신은 세계 바깥에 존재하며, 계시를 나타내지 않으며, 세계에 대하여 자연법칙을 부여하여 세계로 하여금 자연법칙에 따라 발전하도록 한 이성적인 종교관을 말한다. 이신론에 의하면 창조주로서 신은 세상일에 관여하지 않으며 섭리도 하지 않는다. 18세기 계몽주의 시대부터 나타났다.

된다Ph I 297.

이와 같은 기지旣知의 것으로서 계시의 객관성은 필연적으로 순종과 굴복을 강요한다. 그러나 그렇게 함으로써 야스퍼스에 의하면 인간의 자유가 문제 제기된다JE 42.

우리는 이와 같은 계시의 이해를 초자연주의적이라고 부를 수 있을 것이다. 요컨대 신은 말하고 강요한다. 인간은 들어서 인지하고 복종한다. 신학사적 입장에서는 계시를 확실히 그렇게 이해하고 있었다. 그러나 야스퍼스는 이것을 계시에 대한 왜곡된 이해라고 비판하고 있다.

계시는 야스퍼스에 의하면 말씀, 요구 행위, 사건을 통해 특정한 시간 속에서 모든 인간에게 타당한 방식으로 선포되는 신의 메시지다GI 65. 신은 명령을 내리고 공동체를 세우고 의식을 만든다. 계시가 신앙 내용의 근원이기 때문에 신앙 내용은 그 자체로서 타당한 것이 아니고 민족, 사회, 교회와 같은 특정한 공동체 안에서만 효력을 가진다. 따라서 이러한 공동체는 현실적 권위가 되고 보증이 된다. 야스퍼스에 의하면 성서적 종교에서는 신에 관한 사유는 헛된 것이며 인간은 단지 계시를 통해서만 신을 말할 수 있을 뿐이다GI 65. 성서종교는 또한 신이 율법을 주었고 예언자를 보냈으며 십자가에 매달리심으로써 우리를 구원하기 위하여 종의 모습으로 이 세상에 왔다고 주장한다. 야스퍼스는 계시에 대하여 위에서 말한 이 모든 것이 계시에 대한 그릇된 이해에서 비롯한다고 비판하고 있다. 야스퍼스는 이러한 입장을 다음과 같이 요약하고 있다.

이와 같이 전달되는 계시는 세계 안에서는 하나의 형태를 가지지 않을 수 없다. 계시는 그것이 말로 언명될 경우에는 유한성에 빠지고 지적 이해의 대상으로 전락한다. 계시에 함축되어 있는 의미는 그것이 말로 언표될 경우에는 그 의미가 변화된다. 인간의 말로 옮겨진 계시는 이미 신의 말씀이 아니다. _GI 65f.

계시 자체가 명백하다는 것은 야스퍼스의 견해에 의하면 올바르다. 그러나 계시가 일어나는 순간에, 즉 유한적 형태로 일어나는 순간에 계시는 필연적으로 애매하게 된다.

여하튼 인간인 한 모든 인간에게 관계되는 계시의 내용, 그것은 철학의 내용이 되며 계시 없이도 타당한 것이다.

2

종교적 신앙의 배타적 권리 주장

야스퍼스는 종교가 절대성을 주장하는 곳에서, 예컨대 성서적 종교 신앙의 배타적 권리 주장에서 문제점을 발견한다.

이러한 맥락에서 야스퍼스는 "무제약적인 타당성(신앙의 진리)"과 "모든 사람에 대한 진리(과학적 진리)"를 구별함으로써 성서적 종교 신앙의 절대성 및 배타적 권리 주장을 근원적으로 변화시킬 수 있다고 확신한다. 그러므로 야스퍼스는 다음과 같이 말하고 있다.

역사적으로 참인 것, 즉 실존적으로 참인 것은 실로 무제약적이다. 그러나 그것의 언명된 내용과 언표는 그 무제약성 때문에 사람들에 대해서 진리가 될 수 있는 것은 아니다.

반대로 과학적 정당성이나 오성의 정확성과 같이 모든 사람에게 보편타당한 것은 바로 그 보편타당성 때문에 무제약이 될 수 없다. 오히려 그것은 특정한 방법을 수반하는 하나의 입장에 근거하며, 그리고 그것은 세계 안에서는 이러한 조건 밑에서 모든 사람에 대하여 보편적으로 타당한 것이다. _GI 70

이러한 정당성은 모든 사람에 대하여 강제적이며, 따라서 오성은 그것을 이해한다. 그러나 이 정당성은 그것을 지시하는 관점과 사유방식에 제약되어 있다. 이 오성의 정당성은 유한적·부분적·객관적·강제적이기 때문에 실존적으로는 상관없다. 이러한 정당성을 위해서 어떤 인간도 죽을 수 없고 또 죽어서도 안 된다. 야스퍼스는 이러한 입장을 다음과 같이 요약하고 있다.

역사적 진리의 무제약성에는 그것을 언명하는 모든 형식과 역사적으로 유한한 그 현상형식이라는 상대성이 내포되어 있다. 논리적 명제의 합리적 정확성이 갖는 보편타당성에는 그것을 기초 지우는 관점과 방법이 내포되어 있다. _GI 71

성서적 신앙은 신의 육화 또는 계시의 표상이다. 성서적 신앙은 이러한 표상에 의해서 그것의 정당성에 대한 승인과 그것이 진리일 수밖에 없다는 보증을 경험한다. 그러나 야스퍼스는 신의 육화와 계시의 사상에 대해서, 즉 성서 종교에서 말하는 신의 절대적 권위에 대해서 비판적 태도를 취한다KJ 136. 야스퍼스는 특히 자유주의적인 인격성과 다원성의 이상에 현저하게 대립하는 종교적 신앙만이 진리이고 그 밖의 다른 것은 비진리에 불과하다는 절대성과 배타성의 주장을 강력하게 비판한다. 종교적 신앙의 진리가 배타적이고 절대적인 효력을 요구함으로써 흑백논리, 이것이냐 저것이냐의 입장, 적과 동지 나누기에서 표현되는 사회적 현실에서의 이분법화 및 분극화 경향이 현실적으로 나타나는 것은 불가피할 수밖에 없다GI 72. 이러한 경향을 조장하는 종교로서는 특히 그리스도교가 그러하다는 것을 야스퍼스는 자기의 저서 곳곳에서 시사하고 있다. 그러므로 야스퍼스는 그리스도교에 대해서 절대성 권리 주장의 포기를 강력히 요구하고 있다.

계시 신앙인들에게 그들의 배타적인 사유를 포기하도록 요구하는 것은 곧 칼을 칼집에 넣으라는 요구가 된다. … 단지 배타적 진리의 주장이라는 독이 제거될 때에만 성서적 신앙은 본질적으로 엄숙하게 될 수 있으며 상호소통적이요, 친절하게 될 수 있고 자신의 본질을 순수하게 실현시킬 수 있다. _PGO 507f.

그러나 절대성의 권리 주장 및 배타성을 포기함으로써 그리스도교는 야스퍼스가 생각하는 바와 같이 그 본질을 실현시키지 못하고, 오히려 그 본질을 포기했다. 왜냐하면 그리스도교는 '예수는 구세주이다'라는 그리스도교적 근본교의에 기초하고 있기 때문이다.

성서적 종교가 절대성의 권리 주장과 배타성을 가지고 있다는 점에서 철학과의 대립은 불가피하다고 주장하는 야스퍼스는 다른 한편으로는 성서적 종교와 철학 간에는 상호협력의 여지도 있다는 것을 강조하기도 한다. 그러므로 야스퍼스는 다음과 같이 말하고 있다.

성경과 성서종교는 우리의 철학함의 기초이고, 불변적 정위이고, 무엇으로도 대치될 수 없는 내용의 원천이다. _GI 75

따라서 야스퍼스는 신앙의 절대성 주장에 반대하지만, 그가 성경을 천년 동안에 걸친 인간의 한계경험의 공탁물로서 이해하고 있다는 의미에서 성서종교를 찬성한다.

성경에서 우리는 인간이 직면하는 좌절의 근본양태들을 본다. 그러나 이 좌절은 바로 그 좌절 가운데서 존재경험과 본래적 자기실현이 나타나는 그런 좌절이다. _GI 79

야스퍼스가 성서종교, 특히 계시신앙에 대해 철학적 비판을 감행하면서도 이처럼 찬성하는 일면도 보여주는 것은 그의 자유주의적 계몽주의적 근본 확신에서 비롯된다. 그의 종교비판, 즉 성서종교에 대한 비판은 일면으로는 종교에 관한 그의 성찰을 나타내고 있고, 다른 면으로는 도그마적이지 않은 철학적 사유에 의해서 다시 의식할 만한 가치가 있는 많은 철학적 근본 진리가 종교에 기초하고 있다는 견해를 나타내고 있다. 그러므로 야스퍼스는 "철학은 성서적 신앙이 가지고 있는 근원적인 철학적 실체를 교의적教義的인 신앙 증언과 종파적 의식에 의해서 고정된 현상의 형식으로부터 해방해야만 하는 사명을 가지고 있고, 또 종파를 초월한 성서의 실존적 내용을 효력이 있도록 해야 하는 사명을 가지고 있다"GI 79고 주장한다. 야스퍼스는 이러한 실체로부터 벗어나서 신인간神人間, Gottmensch인 그리스도 안에서 성서적 신앙과 권위의 역사적 통일을 보고 있다. 이러한 신앙은 야스퍼스에 의하면 인간 예수의 삶 가운데서 어느 누구에게도 자기 자신의 삶의 추진력이 될 수 있는 실존적 근본 진리를 찾도록 해준다는 것이다.

야스퍼스는 철학적 견지에서 볼 때 예수라는 의미는 그리스도의 신성에 있는 것이 아니고, 그리스도가 이제까지의 인류의 역사에서 네 사람의 척도를 주는 인간(소크라테스, 불타, 공자, 예수) 가운데 한 사람이었다는 사실에 있다고 주장하고 있다.

예수 그리스도는 인간으로서 인간 존재의 실존적 가능성들을 사랑의 에토스, 수난의 능력, 수난의 진실성이라는 유일무이한 방법으로 실현했다. … 예수는 수난 가능성의 극치다. … 그러나 예수는 수난을 소극적으로 감수하지 않았다. 그는 행동했고, 그렇게 함으로써 고뇌와 죽음을 유발했다. 그의 고뇌는 우연적인 것이 아니고 진정한 좌절이다. _GP 207

3
철학적 신앙의 관용

야스퍼스는 성서 종교가 다른 종교나 철학에 대해서 배타적인 태도를 취하는 가운데 절대성의 권리를 주장한다고 비판하고 있다. 성서 종교가 이처럼 배타독선적인 데 대해서 성서 종교를 아우르면서 그것이 유일한 것으로 내세우는 계시신앙마저 비판적으로 수용하는 철학적 확신으로서의 신앙의 창출은 야스퍼스 자신에게는 현대의 시대적·정신적 상황의 위기 극복을 위해서 절박했다. 이러한 절박한 시대적 요청에 상응하여 일체의 영역에서의 분극화 및 이분법을 포괄하는 포괄자로서 철학적 신앙이야말로 야스퍼스가 시도하는 철학과 종교 간의 상호협력을 가능케 하는 철학함으로 간주됨직하다.

야스퍼스에게서 자기 고유한 철학적 신앙이 무엇인가는 객관적 규정에 의하여 언표되는 것이 아니고 철학적 전체 활동을 간접적으로 전달하는 것 가운데서만 언표된다VE 115. 다시 말해서 철학적 신앙은 삶을 긍정하는 근본 기분, 자발적·직

접적 존재에 대한 신뢰 또는 근본적인 삶의 확신이라고 규정
된다. 이러한 확신은 일체의 객관적인 세계 존재 및 세계지世
界知의 좌절에서 체험되는 불안과 무의미성에 직면해 인간을
포기하지 않는다. 야스퍼스는『철학Ⅱ』에서 철학적 신앙의 확
실한 근본 특징을 다음과 같이 규정하고 있다.

신앙은 파괴할 수 없는 희망으로서의 신뢰다. 신앙에서 불확실
성의 의식은 존재의 토대에 대한 신뢰로서 일체의 현상적인 것
으로부터 해방된다. 신앙 속에서 실현된 존재의 확실성은 초월
자에 직면해 알 수 있다. 이러한 존재의 확실성 없이 초월자에
대해서 감각적·현실적 관계를 맺는다는 것은 믿을 수 없는 진
리를 줄 수 있을 뿐이다. _Ph Ⅱ 281

철학적 신앙은 야스퍼스에 의하면 철학함의 근원과 충동을
형성하기도 하고 또 실존적인 자기실현의 끊임없는 충동을 형
성하기도 한다. 우리가 자기존재의 가능성을 확신하면서 철
학함을 시작할 때 이 신앙을 이미 수반하지 않으면 안 된다.
철학적 신앙은 "인간의 가능성에 대한 인간의 신뢰인 동시에

실존을 통해서 자기를 실현하지만, 그 실존에 대해서 자기를 숨기고 있는 초월자의 본질에 대한 신앙이기도 하다"GI 59.

무엇이 철학적 신앙을 종교적 신앙으로부터 구별시켜주는 가? 철학적 신앙은 기도와 예배를 모른다. 오히려 철학적 신앙은 개인들로서 모든 인간을 결합시킨다.

신앙의 구체적 내용은 객관적으로 하나의 지식의 형태를 취한 다. 그러나 그것은 모든 사람에 대하여 타당한 대신에 고유한 존재의 참여에 의해서만 존립한다. 신앙의 확신에 있어서 나는 본질적인 것이 증명될 수 없다는 것에 근거하여, 즉 —결코 객관적으로 타당하지 못한— 본질적인 것에 대한 확증이 단지 신앙하는 자의 자기확증의 경험 가운데서만 발견될 수 있다는 것에 근거하여 감히 살고자 시도한다. _Ph I 303

야스퍼스는 신앙으로서 철학을 고유한 근원으로부터 이해 하고 있다. 이러한 의미에서 철학은 그것의 가장 내부적인 핵심에서부터 항상 철학적 신앙이다.

철학적 신앙은 세속화한 종교가 아니다. '철학적 신앙자'로서 인간은 초월자와의 고유하고 진정한 관계를 가진다.

넓은 의미에서 야스퍼스의 모든 철학은 철학적 신앙으로서 이해된다. 그와 반대로 좁은 의미에서 철학적 신앙은 삶을 담지担持한 것, 즉 내가 무제약적인 것으로서 포착하고 있는 바의 것이다.

그럼에도 야스퍼스는 철학과 종교 간의 근원적으로 주장된 대립 및 구별을 상당히 제한하고 있는 것같이 보이는 일련의 발언들을 언표하고 있다. 예를 들면 그의 다음과 같은 말이 이것을 잘 입증해주고 있다.

철학적 신앙은 본래적 근원이다. 그러나 철학적 신앙은 비록 계시를 이해할 수 없다고 하더라도 계시가 다른 사람에게는 이해 가능한 것임을 타당하다고 인정한다. 철학적 신앙은 적대감이 아니라 성실을, 단절이 아니라 사귐을, 강제가 아니라 관용을 원한다. _PGO 38

우리는 야스퍼스가 종교에 대해서 한편으로는 비판을, 다른 한편으로는 관용을 지시하고 있다는 것을 인용구를 통해서 이해할 수 있다. 이것은 그가 가능한 보편적 사귐의 불가결성을 확신하고 있다는 측면에서 설명되어야 하고 동시에 세계관적 차이와 대립이 공통적 대화를 나누는 데 장애가 될 수 없다는 견해에서 논의되어야 할 것이다KJ 150.

이러한 측면에서 야스퍼스는 철학자란 종교적 대변자에 대해서 언제나 마음을 열고 대화를 준비해야 한다고 주장한다KJ 150. 특히 전 인류와 관계되는 문제가 일어날 경우에는 철학자는 그러한 태도를 취해야 한다는 것이다. 그러나 종교를 향해서 철학이 문을 활짝 열어젖히는 자세가 어느 정도로 진정해야 할 필요가 있는가라는 물음에 대해서 야스퍼스는 분명하게 숙고하지 않은 것 같다. 모든 행위를 유지시켜주는 자유주의적 가치의 표상이 다시 포기되지 않는다면 철학자는 종교와의 대화에서 다원성의 이상을 부정해서도 안 되고, 종교적 입장의 권위주의적 구조와 사귐을 방해하는 경향에 대한 비판을 소홀히 해서도 안 된다KJ 150. 철학과 종교의 일치는 궁극적으로 이성을 넘어서 전달 가능한 내용이다. 그리고 야스퍼스의 시각에서 볼 때 종교적 철학적 근본 내용인 가치 태도와 실존적·도덕적 내용과의 관계에서만 가능할 뿐이다KJ 150.

4

철학함의 근원으로서 한계상황

철학은 약 2500년 전에 그 시원始原을 가진다. 신화와 종교적 사유는 이 시기 이전에 이미 있었다. 그러나 시원과 근원은 서로 다르다. 시원이란 역사적인 것이며 이미 행해진 사유의 노작에 의하여 쌓이고 쌓인 다량의 전제를 후계자에게 가져다준다. 이와 반대로 근원이란 어느 때를 막론하고 '철학함'으로의 충동이 우러나오는 원천을 말한다Einf 16. 철학의 근원들은 여러 가지이고 언제나 동일하지 않다. 플라톤과 아리스토텔레스에게 철학의 근원은 놀람이었다. 근세철학은 데카르트의 방법적 회의로부터 시작하고 있다. 이것은 철학을 낳는 경험이기도 하다. 20세기의 철학은 이와는 다른 경험, 즉 인간의 동요와 인간의 상실의식에 기초하고 있다.

오늘날 철학함의 근원들은 야스퍼스에 의하면 경이驚異도 아니고 회의懷疑도 아니다. 경이는 야스퍼스에 의하면 존재의 형이상학으로 인도했고, 회의는 강제적 확실성으로 인도했다. 그러나 존재의 형이상학은 칸트 이래 더 이상 가능하지 않다. 세계정위의 사상으로서 강제적 확실성만이 가능하다. 한편으로는 인간의 동요와 인간의 상실의식은 오늘날 자기 자신에 대한 물음의 결과로 나타나고 있다. 하이데거에게서 형이상학에 대하여 근본적인 물음을 일으키는 불안의 근본정조根本情調가 있다면, 야스퍼스에게서는 우리로 하여금 절망에 직면케 하고 우리의 내면 가운데서 철학의 문제들을 일깨우게 하는 한계상황Grenzsituation이 있다.

한계상황의 개념이란 무엇을 의미하며, 이 한계상황은 단순한 상황, 즉 상황일반과 어떻게 다른가? 야스퍼스는 상황의 개념을 다음과 같이 규정하고 있다.

상황이란 단지 자연법칙적 현실만을 의미하는 것이 아니고, 오히려 의미관계적 현실을 의미한다. 이러한 현실은 심리적인 것도 물리적인 것도 아니고, 양자의 의미를 동시에 함유하고 있다. 이 현실은 나의 현존재에 대해서 이익 또는 손해, 기회 또는 제한을 의미하는 구체적 현실이다. _Ph II 202

이러한 상황들은 다양한 과학의 대상일 수 있다. 그러므로 생물학은 동물의 환경을 연구하고 사회학은 사회적 환경을 연구한다.

현존재로서 나는 언제나 상황들 가운데 있다. 즉 나는 상황들 가운데서 행동하고, 상황들 가운데서 나는 나를 움직이게 한다. 그러나 상황들은 경직된 불변적 도식이 아니다. 오히려 상황들은 그것들이 변함으로써 존재한다. 내가 소여所與로서 감수하지 않으면 안 된다. 그러나 내가 이것을 단순히 감수해서는 안 되는 상황들이 있다. 나는 이 상황들을 피할 수 있다. 그러나 나는 또한 일정한 타산적인 상황들을 초래할 수도 있다.

현존재는 이러한 의미에서 상황 내 존재이다. 더욱이 나는 일정한 상황으로부터 걸어 나올 수 있다. 다시 말해서 나는 내가 직면하고 있는 일반상황을 임의로 변경시킬 수 있다. 예컨대 나는 내가 살고 있는 주거지를 다른 곳으로 옮길 수 있고, 내가 다니는 직장을 바꿀 수 있다. 이처럼 나는 나의 상황을 언제나 변경시킬 수 있다. 야스퍼스는 이러한 상황을 상황 일반 또는 일반상황이라고 일컫는다.

이러한 일반상황과는 반대로 나의 의지나 나의 계획에 의해서도 변경시킬 수 없고 동시에 나는 그것 앞에서 뛰어넘을 수 없는 벽과 같은 것을 느끼는 그런 변경 불가능하고 극복 불가능한 상황들도 있다. '나는 죽지 않으면 안 된다'라든지, '나는 고통을 겪지 않으면 안 된다'라든지, '나는 불가피하게 죄책을 가지지 않을 수 없다'라든지, '나는 투쟁하지 않으면 안 된다'라는 경우와 같이, 가령 상황의 순간적인 현상이 변화하고 그의 압도적인 힘이 표면에 나타나지 않는다고 하더라도, 그 본질에 있어 변함이 없는 그러한 상황들이 존재한다. 야스퍼스는 인간존재의 이러한 근본상황을 한계상황이라고 부른다Einf 18.

이 한계상황은 그 자체로서는 변하지 않는다. 한계상황은 단지 그 현상에 있어서만 변화한다. 한계상황은 결정적으로 우리들의 현존재와 관계한다.

한계상황은 개관되지 않는다. 우리들의 현존재에 있어서 우리는 그 현존재의 배후에 다른 어떤 것을 보지 못한다. 한계상황은 우리가 부딪쳐서 난파하는 벽과 같은 것이다. 한계상황은 우리들 자신에 의하여 변경되는 것이 아니고, 오히려 이 상황을

다른 것에 근거하여 설명하거나 연연해함이 없어도 명료화시킬 수 있을 뿐이다. _Ph II 203

우리는 한계상황을 피할 수 있는 가능성을 가지고 있지 못하다. 우리가 할 수 있는 것은 한계상황 앞에서 우리의 눈을 감는 일이다. 한계상황은 상황의 변화에 대한 일상적이면서 훈련된 모든 행동 방법을 거부하는 인간적 삶의 상황이다. 이러한 상황이 덮칠 때 이 상황을 의식에서 체험하는 인간은 자기 현존재의 원칙적 한계에 부딪치고 자기 삶의 불확실성과 유한성을 의식하게 된다.

그리고 또한 우리는 두 눈을 뜨고 한계상황 속으로 들어갈 수도 있다. 그 경우에 우리는 야스퍼스가 말하고 있는 바와 같이 "우리는 자신이 된다"Ph II 204. 그러므로 야스퍼스는 다음과 같이 말하고 있다.

우리는 한계상황을 극복하기 위해 계획과 계산에 의해 교묘하게 한계상황에 반응하는 것이 아니고, 우리의 내면에서의 가능적 실존의 생성이라는 완전히 다른 능동성에 의해서 반응한다. 즉 우리는 한계상황 속으로 눈을 뜨고 들어감으로써 자기가 된다.
… 한계상황을 경험하는 것과 실존하는 것은 동일하다. _Ph II 204

한계상황 속으로 의식적으로 들어가는 것은 철학함을 시작하는 것이다. 이러한 철학함은 세 가지 비약에서 실현된다. 첫째 비약에서는 나는 내가 현존재 그 이상임을 한계상황 속에서 경험한다. 야스퍼스에게서는 위의 인용구에서 본 바와 같이 한계상황을 이러한 의미에서 경험하는 것과 실존하는 것은 동일하다. 둘째 비약에서는 개명開明이 야기된다. 가능성으로서 한계상황은 현존재로 하여금 철학함을 실현 가능하게 한다. 그러나 한계상황 자체를 사유에 의하여 개명한다는 것은 실존적 실현이 아니다.

우리가 한계상황을 논의할 때 그것을 실존으로서 그렇게 하는 것이 아니고, … 오히려 가능적 실존으로서 비약에서가 아니라 단지 비약의 준비에서만 그렇게 한다. _Ph II 206

왜냐하면 개명을 통한 고찰은 현실이 아니고, 그 자체로 단지 가능성에 불과하기 때문이다. 지식과 존재는 구별된다. 더욱이 우리는 한계상황을 다른 상황들과 같이 객관적으로 파악할 수 있다. 그러나 한계상황은 "자기 자신의 현존재에 있어서 독특한 전환을 실현함으로써, 즉 자기 자신의 현존재에 있어서 실존을 확증하고 실존의 현상에서 실존을 각인하는 그런 실현을 통해서 비로소 한계상황이 된다"Ph II 206.

내가 한계상황 속에서 실존으로 존립함으로써 제3의 본래적 비약이 일어난다. 본래적 비약에서 가능적 실존은 현실적이 된다.

야스퍼스는 그의 『철학』에서 죽음, 고통, 투쟁, 죄책이라는 한계상황들을 상세하게 논술하고 있다. 그는 다른 저서들에서는 때때로 우연을 덧붙여 논의하고 있다.

현존재의 객관적인 사실로서 죽음은 아직 한계상황이 아니다. 죽음에 관해서 아무것도 모르는 동물에게 한계상황은 가능하지 않다. 자기가 죽는다는 것을 아는 인간은 이 죽음의 지식을 불확실한 시점에 대한 예기로서 가진다. 그러나 죽음이 인간에게 그것을 피하고자 하는 배려 이외에 다른 역할을 하지 않는 한

인간에게 죽음은 또한 한계상황이 아니다. _Ph Ⅱ 220

나는 사랑하는 사람의 죽음을 고뇌한다. 그러나 나는 나 자신의 죽음의 불가피성을 다시금 빨리 망각한다.

한계상황으로서 죽음은 일반적인 것이 아니다. 단지 객관적인 사실로서의 죽음만이 일반적일 뿐이다. 한계상황에 있어서 죽음은 이와 반대로 역사적이 된다.

죽음은 일반적인 통찰에 의해서 극복되지 않는다. 즉 죽음은 나의 망각을 표면상의 이유들에 의해서 막는 객관적인 위로를 통해서는 극복되지 않는다. 죽음은 오히려 단지 내가 확신하는 실존함의 현현顯現에서만 극복된다. _Ph Ⅱ 202

이웃사람의 죽음은 심각한 절단을 나타낸다. 나는 죽음에 직면하여 나의 삶을 영위하면서 음미하지 않으면 안 된다. 현재의 죽음의 한계상황은 나에게는 다음과 같은 것을 의미하지 않을 수 없다.

죽음에 직면하여 본질적으로 영속하는 것은 실존함을 실행하는 것이다. 허약하게 되는 것은 단순한 현존재에 불과하다. _PhⅡ223

죽음에 직면하여 나는 무엇이 중요한가를 경험하며 그리고 순간의 단순한 가상이라는 것을 경험한다. 이러한 의미에서 야스퍼스는 실존적인 죽음을 "실존 자신의 확인으로서 그리고 단순한 현존재의 상대화"로서 받아들일 것을 요구한다PhⅡ223.

우리는 죽음을 진정 실존의 내실에 대한 확인으로서 받아들여야 한다고 야스퍼스는 주장한다.

한계상황으로서의 죽음을 망각에 의하여 회피할 수 있는 가능성으로서는 ―나의 죽음은 시간적으로 불확실하고 그리고 나로 하여금 상황을 견디어내게 한다― 두 가지의 가능성, 즉 확고한 부동심不動心과 현세부정이 있다. 확고한 부동심과 현세부정, 이 두 가지 태도에서 한계로서 죽음의 의미는 변형된다. 그러므로 나는 나에게 다음과 같이 항변할 수 있다.

죽음에 대한 불안은 올바른 사유에 의하여 폐기될 수 있는 단순한 오류에서 기인한다. 죽음에 대한 불안은 실제로 존재하지 않을지 모르는 사후의 고뇌하는 존재에 대한 표상이나 또는 죽음의 과정에 대한 불안에서 기인한다. 죽음의 과정 자체는 전혀 지각되지 않는다. 왜냐하면 모든 고통이 삶에 귀속하고, 고통으로부터 삶으로의 귀환이란 가능하지 않기 때문이다. 다음과 같은 것을 분명하게 하는 것이 중요하다. 즉 내가 존재한다면 나의 죽음은 존재하지 않고, 나의 죽음이 존재한다면 나는 존재하지 않는다. 그러므로 나의 죽음은 내가 알 바가 아니다. _Ph Ⅱ 224

이 모든 사상이 올바르다고 하더라도 그 가운데 어떤 사상도 비존재의 사상에 대한 전율을 제거할 수 없다. 이 사상들은 "사실상 죽음을 주목하고 있는 것같이 보이지만, 그러나 그 사상들은 죽음의 본질에 대한 망각을 불러일으킬 뿐이다"Ph Ⅱ 224.

나는 감성적·시간적 불멸성의 관념 속에서 죽음의 한계상황을 또한 회피할 수 있다. 이러한 관념에 따라 "나는 내가 시작했던 것을 계속하기 위해 다른 또 하나의 현존형식을 획득한다." 야스퍼스에 의하면 불멸성을 증명하고자 하는 노력 또한 여기에 속한다. 그러나 이 모든 증명은 "결함이 있고 희망이 없다. 하물며 사리에도 어긋난다"Ph Ⅱ 224.

이와 반대로 야스퍼스는 죽음에 대립하여 용기의 태도를 요구한다. 즉 "자기기만 없이 진실하게 죽는 그런 용기의 태도를 요구한다"Ph II 225.

부동심으로부터도 또 현세부정으로부터도 참된 실존의 확신은 야스퍼스에 의하면 나에게 주어질 수 없다. "참된 실존은 시간 속에서 현상하지만, 그러나 시간적으로 존재하지 않는다"Ph II 226. 이 참된 실존은 "비존재에 대한 전율에 있어서" 불안으로부터 나에게 생겨난다Ph II 226. 그러나 여기에서 생적 비존재에 대한 불안은 중요한 것이 아니고, 전적으로 다른 성질인 실존적 비존재의 불안이 중요하다. 이와 반대로 삶의 의욕을 억제하고 침착함을 유지할 수 있도록 하는 실존적 존재확신을 획득하는 것이 중요하다. 삶의 의욕은 실존적 불안을 상대화할 수 없다. 왜냐하면 그 경우에 실존은 절멸되고, 오히려 반대로 실존적 존재확신이 삶의 의욕을 상대화하지 않을 수밖에 없기 때문이다. 그 경우에 야스퍼스가 말하는 용기가 달성된다. 그러나 이러한 용기는 안정된 지속에 의해 존재하지 않는다. 절정은 일상사가 아니다. 그러므로 죽음의 불안과 생명욕은 언제나 다시 돌아온다. 그러나 존재확신도 또한 돌아온다. 존재확신에 대해서는 그것이 다시금 새로이 획득되는 것이 중요하다. 여기서는 상기가 중요한 역할을 한다. 다시 말해서 내가 일찍이 절정에 서 있었다는 것에 대한 상기가 중요한 역할을 한다. 이 상기는 용기를 다시금 되찾기 위해 나를 밀쳐버릴 수 있다Ph II 226f.

죽음이라는 한계상황에 관해서 임박한 자기의 죽음이나 가까운 사람의 죽음이라면 소극적인 반응(허무주의적 절망, 생명을 향한 갈망, 감정적 동요로 인한 자기폐칩)에 대한 다음과 같은 적극적인 근본태도가 대비된다. 즉 죽음의 내적 자기화, 종말으로의 지知 속에서의 태연함Ph II 226, 진정할 수 없는 고통을 근저에 둔 심각한 쾌활 등이 그것이다.

"용기는 한계상황에서 자기존재의 무규정적 가능성으로서의 죽음에 대한 태도다"Ph II 225. 이는 본래적 용기의 전제로 간주된다.

죽음과 마찬가지로 고통도 또한 불가피적이다. 고통도 또한 항상 도처에서 생긴다.

만일 내가 마치 고통이 결정적인 것이 아니고, 오히려 회피할 수 있는 것처럼 태도를 취한다면 나는 아직도 한계상황 가운데 설 수 없다. 오히려 내가 고통을 수적으로 무수한 것으로서 이 해하고 있는 한 나는 고통을 현존재에 필연적으로 속하지 않는 것으로 이해하고 있는 것이다. _Ph II 230

그러므로 내가 고통과 투쟁한다는 것은 필연적이다. 나는 고통을 폐기될 수 있는 것으로서 투쟁한다.

물론 성과는 항상 제한된다. 만일 단지 생물학과 의학만이 비로소 그것들의 극치에 도달했고 그리고 정치적 기술이 완전한 정의에 도달했다면, 생물학과 의학은 일체의 고통, 질병, 구속적 예속을 피할 수 있는 방법을 우리에게 가르쳐줄 것이다. _Ph II 230

오늘날의 사회는 이와 같은 방향으로 나아가고 있는 도중에 있는 것이 아닐까? 건강은 일반적으로 인정된 유일한 최고의 가치가 아닐까?JE 57.

그러나 이와 같은 사상도 우리를 고통으로부터 해방시켜줄 수 없다. 왜냐하면 고통의 필연성을 무시하는 현존재는 기만의 길을 찾지 않을 수 없기 때문이다. 그러나 그렇게 함으로써 나는 고통을 회피한다. 야스퍼스에 의하면 나는 보다 적극적인 단념에서도 또한 보다 소극적인 단념에서도 고통을 회피할 수 있다. 보다 적극적인 단념에서 나는 여러 가지 힘에 의해 나의 고통과 투쟁한다. 보다 소극적인 단념에서 나는 현존재의 향락에만 몰두한다.

> 비록 일체가 공허하고 궁극적으로 고통이라고 하더라도 그것이 존속하는 한 나는 이 세상에서 마실 수 있고 먹을 수 있고 기쁨을 즐길 수 있다. _Ph II 232

한계상황에서 비로소 나는 고통을 불가피한 것으로 받아들인다. 고통은 죽음과 마찬가지로 가능적 실존을 일깨운다. 그와 동시에 고통은 철학함을 가능케 한다. 순수한 행복은 가능적 실존을 무기력 속에 내버려둔다JE 57.

한계상황은 배척에 의해서 대처해서는 안 되고 현존재의 이율배반을 의식적으로 받아들이고, 그것을 자기실현 가능성의 조건으로 적극적인 빛 가운데서 보는 하나의 근본적인 입장에 의거해서 대처해야 한다. 이때 현존재의 갈라진 상태, 분열성, 모순성은 다른 것이 되는 것을 향한 종식되지 않는 요구Ph II 253, 세계 내에서의 모든 저항에 항거해서 실존하는 행위의 고조된 순간에 자유와 본래적 자기존재를 실현하고자 하는 부단한 자극이 된다.

5

현실적 실존의
조건으로서 상호소통

야스퍼스에게서 진리는 상호소통Kommunikation 없이는 존재하지 않으며 상호소통은 진리 없이는 존재하지 않는다.

진리와 상호소통은 인간의 상호성을 전제로 한다. 이 상호성에서 진리는 구현되고 인간의 현존은 상호소통을 실현한다. 진리로의 의지 없이는 상호소통은 성공하지 못하고 상호소통 없이는 진리의 자기화는 이루어질 수 없다. 진리와 상호소통은 함수관계를 형성한다.

상호소통에서 투명성은 진리구현의 필요조건이다. 내가 너에 대해서 나의 마음속에 간직하고 있는 것을 네가 구체적으로 알 수 있도록 투명하게 드러나도록 하고 너 역시 나를 향해서 그렇게 함으로써 너와 나 사이의 상호소통은 진실하게 되고 동시에 실존적 진리로의 체득을 가능케 한다. 그러므로 상호소통은 인간의 현존을 본래적 자기로서의 현실적 실존으로 비약시키는 근본적인 계기이다.

나와 너 사이의 상호소통이 이루어지기 위해서는 고독이 있어야 한다. 고독은 상호소통에 대한 준비를 일깨운다. 야스퍼스는 이러한 입장을 다음과 같이 밝히고 있다.

상호소통은 그때마다 나와 너 두 사람 간에 성립한다. 두 사람은 서로 결합하면서 동시에 둘이서 독립된 인격체로 남아 있어야 한다. ― 두 사람은 서로 고독으로부터 나와서 만나고, 더욱이 두 사람은 자기들이 상호소통 가운데 존재하고 있기 때문에 고독을 알고 있다. 나는 상호소통으로 나아가지 않고는 자기 자신이 될 수 없고 고독하지 않고는 상호소통으로 나아갈 수 없다. 만일 내가 나 자신의 근원에서 자기 자신으로 존재하고, 따라서 가장 깊은 상호소통으로 감히 나아가고자 한다면 나는 고독을 원하지 않으면 안 된다. _Ph II 61

고독은 상호소통을 지향하고 상호소통에서 자기를 심화시켜나가는 일종의 자기존재의 해석이다. 고독과 상호소통은 상호지향적이고 상호보완적이다. 왜냐하면 고독은 자기가 자기와 관계를 가지는 가운데 자기성찰을 감행하고 동시에 나로 하여금 타자와의 소통을 촉진하고, 상호소통은 나와 너로 하여금 고독 속에서 자기성찰 및 자기비판을 촉구하기 때문이다. 상호소통은 내가 너를 향하여 그리고 네가 나를 향하여 자기존재를 열어젖히는 행위, 즉 자기개현自己開顯, ein Offenbarwerden des Selbstwerden이다. 인간은 그가 타자(너)를 지향하고 있는 한에서만 자기가 된다Ph Ⅱ 61. 여하튼 인간이 근본적으로 고독한 가운데 자기가 자기와 대화하고 성찰하고 그리고 타자를 배려하고 타자와 대화하고 비판하는 것은 운명적이다. 따라서 상호소통의 중심은 인간이 무제약적으로 타자를 향해서 현존하면서 타자와 단순히 타협함이 없이 시종일관 자기 자신으로 현존한다는 점에서 자기존재이다.

야스퍼스는 고독을 실존적 상호소통의 준비로 고양시키지 못하고, 오히려 일상적 삶의 내용으로 속화시키는 것을 고독에 대한 그릇된 이해로 규정하고 있다. 오스트리아 그라츠Graz대학의 쿠르트 잘라문Kurt Salamun 교수는 야스퍼스의 이러한 입장을 다음과 같이 해석하고 있다.

야스퍼스는 세련된 숙고를 통해서 그릇된 태도, 즉 우리가 자기 자신을 고귀하다고 생각하는 심미적 영웅주의와 엘리트적 오만이라고 할 수 있는 이기주의적인 자기자랑, 진부한 일상세계 속에서 연결시키는 인간 상호 간의 접촉, 개성의 포기를 통한 고독의 지양, 다른 사람들을 복종시킴으로써 권력충동을 향유하고 동시에 그것을 통한 고독의 보상 등을 고독과 관련하여 분석하고 있다. _KJ 61

야스퍼스는 고독에 대한 이러한 그릇된 이해가 지양될 경우, 고독이 비로소 실존적 상호소통의 조건으로 수용된다고 말한다. 그러므로 야스퍼스에게 고독은 깊은 자각, 비판적인 자성, 자주적인 자아 구성으로 해석되고 있다는 점에서 적극적인 의미를 가지고 있는 것으로 생각된다. 고독이 실존적으로 해석되지 않고 단순히 소극적·부정적 의미로서만 수용될 경우, 고독은 실존적 상호소통으로의 준비가 될 수 없고 세속적·일상적 태도의 계기로 전락한다. 다시 말해서 이 경우에 고독은 이른바 현존재적 상호소통Daseinskomminikation으로의 계기로 전변한다. 고독에 대한 일상적 이해의 계기로 실현되는 현존재적 상호소통은 혐오할 만한 것은 아니다. 그러나 그것은 강제력이 없는 사회적 관계에 국한된다. 야스퍼스는 이러한 사회적 관계를 의식적으로 '접촉Kontakt'이라는 일상적 세속적인 말로 표현하고 있다Ph II 346.

접촉이라는 의미를 가진 현존재적 상호소통은 현존재의 통속적인 존재양식이면서 본질적이다. 현존재적 상호소통은 원초적 공동성을 매개로 하여 이루어지는 지극히 속물적 근성을 그 저면에 두고 있는 소통이다. 따라서 현존재적 상호소통은 진리를 구현하는 소통이 되지 못하며 오히려 거짓과 기만을 은폐한 가운데 진리를 명분으로 내세우면서 실질적으로는 현존재의 이익을 지향한다. 현존재적 상호소통은 이러한 근거에서 진정한 상호소통이 아니다. 현존재적 상호소통은 근본적으로 진정한 상호소통으로 나아가야 한다.

야스퍼스에게 진정한 상호소통은 실존적 상호소통이다. 그러므로 야스퍼스는 진정한 상호소통으로서 실존적 상호소통을 다음과 같이 규정한다.

실존적 상호소통 가운데서 나는 비로소 자기의 존재를 타자와 공동으로 실현하면서 자기를 본래적으로 인식할 수 있다. _Ph II 64

이러한 실존적인 상호소통도 현존재라는 가장 원초적이고 근본적인 공간에서 실현되기 때문에 우선 현존재적 상호소통이란 실존적 상호소통으로 고양하기 위한 원초적 상호소통일 수밖에 없다.

그러므로 야스퍼스는 상호소통을 그 양태의 차원에서 현존재적 상호소통과 실존적 상호소통으로 나누고 있다. 좀 더 구체적으로 말해서 야스퍼스는 상호소통의 현존양식을 상호소통의 객관적인 양태로서는 현존재의 상호소통, 의식일반의 상호소통, 정신의 상호소통으로 분류하고 상호소통의 초월적 양태로서는 실존적 소통으로 분류하고 있다. 이러한 분류는 야스퍼스의 주저인 『철학 I *Philosophie I – Philosophische Weltorientierung*』에 제시되어 있다. 그의 존재론적 저서인 『진리에 관하여*Von der Wahrheit*』에서는 상호소통의 양태들이 다음과 같이 진술되고 있다VW 375-378.

① 상호성에 있어서 현존재를 유지하고 촉진하는 공동체에서의 현존재적 상호소통

② 마음대로 대체할 수 있는 의식의 일치점으로서 의식일반

의 상호소통

③ 하나의 전체의 이념이라는 공동적 실체에서의 자기형성을 지향하는 정신의 상호소통

④ 실존적 상호소통

이러한 상호소통의 양태들을 쉽게 풀어서 표현한다면 제1 항은 원초적 공동성에서의 상호소통이고, 제2항은 객관적인 목적성과 합리성에서의 상호소통이고, 제3항은 이념 공동체를 지향하는 정신에서의 상호소통이고, 제4항은 실존과 이성의 상호소통이다.

1
상호소통의 객관적 양태

1) 현존재의 상호소통
이러한 양태의 상호소통은 앞에서 말한 바와 같이 상호성에

있어서 현존재를 유지하고 촉진하는 공동체에서의 현존재적 상호소통을 의미한다. 요컨대 이 현존재의 상호소통이란 원초적 공동성에서의 상호소통을 말한다.

　현존재의 상호소통으로서 원초적 공동성의 상호소통에 있어서 인간은 삶의 보존과 증대라는 목적을 달성하기 위해 자기중심주의적 관심으로부터 이러한 상호소통의 형식으로 들어간다. 야스퍼스는 감성, 부, 권력의 분야에서의 여러 목적을 이러한 상호소통의 형식에서 이해한다. 이러한 목적들과 관련하여 인간 상호 간의 관심의 일치가 지배할 경우 인간은 목적과 관심의 공동체를 형성한다. 그러므로 야스퍼스는 다음과 같이 말하고 있다.

　현존재로서 자기를 위해 합목적적으로 무제한한 관심을 기울이는 생명이 발언을 한다. 그런데 이 생명은 만사를 자신의 현존재를 촉진시키기 위해 제약하고 오직 이러한 뜻에서만 공감 내지 반감을 느끼며 이러한 관심 속에서 사회와 인연을 맺는다. _E 32

　이와 같은 양태의 상호소통에서 모든 개인에게는 자신의 관심과 욕구의 충족만이 중요할 뿐이다. 자기보존의 충동, 성의 욕구, 권력의 의지가 충족되자마자 상호소통은 끝난다. 이러한 상호소통에서 침묵, 교환, 애매, 거짓, 기만 — 이 모든 것이 자기의 현존재 보존에 도움이 되는 한 중요하다. 이 생적 현존재의 차원에서는 목적 달성에 필요한 수단이 도덕적 척도에 상응하는지 않는지 하는 것은 토의되지 않고, 오히려 이 수단이 어떤 성과를 가지고 오며 어느 정도의 유용성을 가지는 것이냐 하는 관점이 지배적이다.

현존재의 상호소통에서 인간의 관계는 수단과 목적의 관계로 변형되어 있다. 이러한 관계에서 상대 파트너는 자기 자신의 생적 관심을 충족시키기 위해서 도구화된다. 수단과 목적의 관계에서 상호소통의 파트너는 마음대로 교체될 수 있다. 왜냐하면 삶을 보존하고, 삶을 추구하고, 삶을 의지하는바 목적의 달성만이 중요하기 때문이다.

현존재의 상호소통은 더불어 삶을 사는 인간을 인정하면서 맞이하고자 하는 호의적인 의도로서 간주될 수 있다. 그러나 모든 사람과의 소박한 동일화라는 이러한 상태에 있어서는 나는 언제나 나 자신을 의식하지 못하고 있기 때문에 아직 상호소통 가운데 살고 있다고는 말할 수 없다.

야스퍼스는 이러한 미완성된 양태의 상호소통을 일시적이면서 경험적인 것이라고 비판하고 있다. 이러한 상호소통에서는 존재도 알 바 없고 실존도 알 바 없다. 따라서 이 상호소통에서는 나는 나 자신으로 존재하지 않는다.

2) 의식일반의 상호소통

이 상호소통은 다른 말로 언표하면 객관적인 목적성과 합리성에서의 상호소통으로 규정된다. 다시 말해서 그것은 앞에서 진술한 바와 같이 마음대로 대체할 수 있는 의식의 일치된 점點으로서 의식일반의 상호소통을 의미한다.

오성의 차원에서는 보편타당한 규칙과 사유의 범주에 근거해서 어떤 사태를 놓고 다른 인간과의 일치에 도달하는 것이 가능하다. 이것은 여러 명제의 형식적인 정당성 및 거짓을 넘어선 일치 또는 사실의 주장들의 경험적 진리 및 거짓을 넘어선 일치이다. 상호소통의 이러한 방법은 예컨대 논의 상대가 어떤 사정에 대해 판단하는 것과 관련해 주장하는 논증적 이유들과 그 주장을 반대하는 이유들을 드러낸다. 이러한 이유들과 반대 이유들은 논리학적 근본명제(모순율과 동일률) 및 동일한 감각적 경험으로 기초해서 음미되고, 그리하여 공동으로 수용되거나 거부된다. 이 경우에 오직 문제로서 제기되는 사정에 대한 진술의 참 또는 거짓만이 문제가 된다. 논의는 자기존재의 투입 없이 순전히 객관적으로 진행된다. 이 경우에 상호소통의 상대는 동일한 규칙들, 사유의 범주들, 방법적 표준들(예컨대 진리의 기준들)에 따라 판단하는 임의의 다른 상대로 대체된다. 야스퍼스는 이러한 입장을 다음과 같이 진술하고 있다.

> 이 공동체는 비인격적이며, 공동체 가운데서 모든 자아는 원칙적으로 대체가능하고 모든 자아의 점點도 교환 가능하다. _Ph Ⅱ 52

인간은 단지 의식일반으로서의 대리 가능한 형식적 자아에 불과하고, 이러한 의식일반으로서의 자아는 단순한 현존재의 수단과 목적의 공동체에서와 똑같은 '그 자신'은 아니다. 의식일반에서의 상호소통에는 인간으로 하여금 대리 불가능한 인격적 내용을 상호소통의 관계 속으로 가지고 오는 그러한 최종적인 투입은 없다. 야스퍼스는 단순히 합리적인 상호소통으로부터는 결국 불충분 또는 "무한하면서 그 자체에 있어서 비본래적인 것으로부터 오는 정당한 것의 황량함"E 33이 자라날 뿐이라고 생각하고 있다.

3)정신의 상호소통

이 정신의 상호소통은 이념 공동체를 지향하는 정신에서의 상호소통을 지시한다. 다시 말해서 이러한 상호소통은 하나의 전체의 이념이라는 공동적 실체에서의 자기형성을 지향하는 상호소통을 가리킨다.

정신의 상호소통은 인간이 객관적으로 지시할 수 있는 다른 인간과의 상호소통으로 나아가는 제3의 영역으로서 정신의 차원이다. 상호소통을 실현하는 관계의 제3의 양태는 위의 두 가지 양태의 상호소통과는 구별되는 것으로서 실질적인 상호소통이다. 야스퍼스는 이러한 관점을 다음과 같이 드러내고 있다.

전체의 이념에서의 공동체 ―이 국가, 이 사회, 이 가족, 이 직업

이라는 공동체— 는 나를 처음으로 실질적인 상호소통 속으로 끌어넣는다. _Ph II 53

실질적이란 말은 여기서는 상호이해가 의미연관으로의 공동적 관여에 의거한다는 것을 의미한다. 야스퍼스는 이러한 상호소통의 양태에 대해서도 불충분하다고 말하고 있다. 왜냐하면 이러한 상호소통의 양태에서 상호소통을 가지는 인간은 이 상호소통의 관계 속에서 자기를 대체 불가능하게 하는 본래적인 자기존재를 실현하지 못하기 때문이다. 그러므로 야스퍼스는 다음과 같이 말한다.

이념과 실존에 의한 이념의 실현에서의 상호소통은 오성, 목적, 원초적 공동체 그 이상으로 인간을 타자와 지극히 친근하게 만들지만, 나 자신과 다른 자기와의 절대적 친근함 —이 절대적 친근에서는 대체 가능성이란 전혀 불가능하고, 이 절대적 친근은 이념의 입장에 의해 사적인 친근으로 경시될 수 있다— 은 불가능해진다. _Ph II 35f.

객관적으로 증명 가능한 세 가지 상호소통의 형식은 야스퍼스의 상호소통의 구상에서는 이상적인 실존의 실현 방식으로 떠오르는 이른바 객관적으로 확인할 수 있는 상호소통의 형식의 매체를 형성하고 있다. 상호소통의 이러한 세 가지 형식은 모든 경험적·합리적 증명을 거부하는 실존적 상호소통에서는 불가결한 전제, 실존적 상호소통으로 나아가는 단계이다.

2
상호소통의 실존적 양태

야스퍼스는 인간이 진정한 자기, 즉 본래적 자기를 발견해가는 상호소통을 진정한 자기소통으로서 실존적 상호소통이라고 규정한다. 야스퍼스는 이러한 생각을 다음과 같이 천명하고 있다.

그 가운데서 내가 비로소 자기의 존재를 타자와 공동으로 실현하면서 그 자기를 본래적으로 인식할 수 있는 실존적 상호소통이야말로 진정한 상호소통이다. _Ph II 61-62

이처럼 진정한 상호소통 가운데 실현되는 자기가 곧 실존이기 때문에 이 실존적 상호소통이 바로 진정한 상호소통이다. 따라서 실존적 상호소통 가운데서만 실존이 획득될 수 있기 때문에 이 실존적 상호소통은 실존 획득의 근본적 필수조건이다. 다시 말해서 존재가능으로서의 실존이 거기에서 자기를 실현하고 그리고 자기를 확신하는 장소가 곧 실존적 상호소통이다. 그러므로 야스퍼스는 다음과 같이 말한다.

나도 타자도 상호소통에 앞서는 확고한 존재실체가 아니다. 그러므로 나는 상호소통에 들어가지 않고 자기가 될 수 없다. _Ph II 61

자기는 이 상호소통에서만 스스로 자기에 도달한다. _Ph II 57

실존은 상호소통에서만 현실화된다. _Ph II 242

실존의 가능성은 연대성을 전제로 하고 있다. _Ph II 52

인간은 본래적으로 그때그때마다 자기 자신이 되고자 하는 존재이다. 이러한 현실적 목적을 달성하기 위해서 인간은 타자를 향해서 서로 마음의 문을 활짝 열어젖히지 않으면 안 된다. 이 경우에 있어서만 인간은 실존적 상호소통을 실현할 수 있고, 따라서 인간은 거기에서 실존으로서의 본래적 자기를 깨달을 수 있다.

1) 무조건적 상호개현으로의 호소

야스퍼스는 개현성開顯性, die Offenbarkeit 또는 개현됨Offenwerden을 실존적 상호소통에 대한 넓은 의미의 규정이라고 말하고 있다. 야스퍼스가 말하는 개현성이란 상호소통의 파트너를 향하여 마음을 열어젖혀 그 속을 적나라하게 드러낸다는 것을 뜻한다. 그러므로 실존적 상호소통은 실존적 상호개현을 의미하기도 한다. 요컨대 상호개현은 상호소통의 파트너들 간에 서로 마음속을 열어젖혀 마음속의 모든 것을 남김없이 드러내 보이겠다는 의지를 시사한다.

상호개현은 궁극적으로 본래적인 자기생성을 가능하게 한다. 그러니까 야스퍼스는 본래적인 자기생성이란 자기 자신 및 타자에 대한 개현과 불가피적으로 결부되어 있다고 생각한다. "상호소통 가운데서 나는 타자와 함께 나 자신에게 개현된다. 그러나 동시에 이 개현됨은 자아가 자기로서 비로소 현실화됨이다"Ph II 64. 개현으로의 의지는 자기를 실현할 수 있는 상호소통에서만 철저하게 감행된다. 이 의지는 모든 현존재를 포기한다. 왜냐하면 의지는 그렇게 함으로써 자기의 실존을 비로소 자기에게 오는 것으로서 알기 때문이다Ph II 64.

야스퍼스에게서 개현으로의 의지는 자기의 견해, 확신, 가치 표상 등을 다른 인간에게 무조건 전달하고 또 다른 인간에 의해 비판되고 의문시되도록 하는 각오이다. 다시 말해서 개현으로의 의지는 자기를 감추어서 지키는 술책, 책략, 위장수법 없이 이러한 것들을 비판에 내맡기는 각오이다. 그런데 자기를 의문시되도록 하는 것은 ―타자가 단순히 이기주의적 목적에서 상대를 도구화하고 자기를 감추고, 진술하지 못함에도 불구하고 자기를 의문시하도록 타자에게 개현한다면 (마음을 열어젖혀 드러내 보인다면)― 상호소통의 상대인 타자가 자신에게 파괴적인 결과를 가져다줄 수도 있다. 이러한 위험을 제거하기 위해서는 야스퍼스의 구상에 따르면 상호소통을 가지는 두 사람이 무엇보다도 상호성과 도덕적 함의含意의 요청을 서로 배려해야 하고 성실성의 표명에 주의를 기울여야 한다. 그러므로 상호개현에서는 근본적으로 사랑이 그 저면에 흐르고 있지 않으면 안 된다. 야스퍼스는 이 점을 강조하여 다음과 같이 말하고 있다.

상호소통에서 개현됨의 과정은 투쟁이면서 동시에 사랑으로 실현되는 그런 유일무이의 투쟁이다. … 사랑으로서 이 상호소통은 어떠한 대상에 대해서도 상관하지 않고 지향하는 맹목적인 사랑이 아니고, 그 대상을 명철하게 통찰하고 투쟁하는 사랑이다. 이러한 투쟁하는 사랑은 가능적 실존으로부터 타자의 가능적 실존을 문제시하고 곤란으로 끌어들이고 요구하고 파악한다. … 이와 같은 투쟁에서 양자는 솔직하게 자기를 나타내고 의문시하도록 한다. 실존이 가능하다면 실존은 투쟁하는 자기헌신을 통해서 (결코 객관적이 되지 못하는) 이러한 자기획득으로 나타난다. _Ph II 65

실존적 상호소통에서 사랑하는 연대적인 투쟁은 성실하지 못한 이기주의적인 현존재의 투쟁에 대한 명백한 대립이다. 야스퍼스에게서 이 사랑하는 투쟁은 자기 자신과 상호소통의 파트너의 내면에 내재하는 폐쇄성과 상호소통을 저해하는 장애의 형식에 맞서 싸우는 두 사람 간의 비이기주의적인 상호 노력으로 이해되고 있다.

야스퍼스는 이와 같은 장애들로 "계산된 겸양, 가면, 안전의 구축"을 제시하고 있다. 그는 이러한 장애들이 "상호소통의 조건들로 내세워지고 그 경우에 이 장애들이 나와 상호소통의 파트너를 갈라놓는 장벽이 된다"고 주장한다Ph Ⅲ 64, 77. 이 경우 야스퍼스는 상호소통의 파트너를 이해하면서 가까워지는 것을 방해하는 모든 종류의 선입관과 조건, 교육에 의해 제약되는 예법, 습관 등을 지적하고 있다. 이러한 맥락에서 공식화된 치밀한 심리학적 통찰은 특히 야스퍼스가 정신병리학자로서 축적한 경험에서 비롯한다.

실존적인 상호소통에서 타자는, 칸트의 정언명령에 따르면, 항상 자기목적이다. 타자가 그때그때마다 '자기로 됨das Selbstwerden'을 위해 노력할 때 상호소통은 자기의 실존을 실현한다. 본질적으로 말해서 실존적 상호소통에서는 상호소통하는 각자가 가지고 있는 문제에 대한 상호적인 관여가 있지 않으면 안 된다. 이러한 상호적 관여는 이기적인 것이 아니고, 이 관여의 파트너는 어떤 목적이나 이기주의적 관심을 위해 도구화되지 않는다.

실존적인 상호소통은 이미 확정적이며 궁극적인 진리를 소유하고 있다고 믿는, 이를테면 이와 동일한 마음을 가진 사람들로 구성될 자족적인 집단의 구성원들 간에는 나타날 수 없다.

2) 실존적 상호소통의 절대적 요건으로서 타자의
   원칙적 동등성

실존적 상호소통은 그때마다의 특정한 두 사람 사이에 이루어지는 소통이지만, 그러나 두 사람은 결코 객관적으로 확정된 인간관계를 가지는 그런 두 사람이 아니다. 따라서 부부, 벗, 형제, 스승과 제자 등 이 모든 현실의 인간관계 가운데서 실존적 상호소통은 가능해진다. 구체적으로 말해서 내가 실존적 상호소통 속으로 들어가는 것은 무수히 많은 일반인이 아니고 그 가운데 특정의 타인이기는 하지만, 이때의 특정의 타인은 결코 객관적으로 확정될 인간관계가 아니다. 내가 나와 관계하고 사실상 상호소통하고 있는, 또 상호소통하지 않을 수 없는 모든 사람과 나는 실존적 상호소통으로 들어갈 가능성이 있다.

엄밀한 의미에서 실존적인 상호소통은 수준의 동등성에서의 소통이지 않으면 안 된다. 그러므로 야스퍼스는 "실존적 상호소통은 자기와 자기와의 동등수준에서 서로 만나는 타아他我에서만 전개된다"고 지적하면서 동시에 진실한 상호소통의 조건으로서 수준의 동등성의 상실을 경계하고 있다Ph II 94. 야스퍼스가 말하는 수준의 동등성은 그 어떤 객관적 규준에 의한 동일성을 의미하지 않는다. 그것은 마치 실존의 위계位階가 비교 가능한 여러 위계나 경험적 현존재 전체의 위계, 즉 생명의 압력, 업적이나 영향력, 정신력이나 교양, 공적인 세력, 사회적 지위 등의 위계와 본질적으로 다르듯 진실한 상호소통의 조건으로서 수준의 동등성도 사회적 지위나 직업, 업적, 권력 등과 같은 객관적인 규준을 좇는 동일성은 아니다.

다른 말로 해서 야스퍼스가 역설하는 수준의 동등성은 사회적 지위, 교육 정도, 특정 분야에서의 능력 등과 관련한 동등성처럼 경험적으로 증명 가능한 동등성이 수준의 동등성으로 생각될 수 없다. 이러한 종류의 동등성은 언제나 경험적으로 확인 가능한 사실과의 비교에 의존하고 있다. 이러한 동등성은 야스퍼스에 의하면 경험적 자아의 관점만을 고려한 데서 이해된 것에 불과하다.

야스퍼스가 실존적인 영역에서 수준의 동등성으로 보고 있는 현상을 볼노Bollnow는 스승과 제자의 만남과 관계하는 한 실례로서 일찍이 "모든 연령과 지위의 차이를 넘어선 그들의 인간적인 관계의 완전한 동등권리"라고 부르고 있다EXP 130. 카를 뢰비트Karl Löwith가 단순한 '더불어 있음'과 '서로 관계하고 있음' 간의 차이를 강조하면서 후자에 대해 말할 때 그것을 '동등한 균일적 상호성'이라고 규정한다면 그는 이와 같은 의미를 수준의 동등성으로 생각하고 있는 것이다. 이것에 대해서는 야스퍼스의 다음과 같은 확인이 발견된다.

내가 본질적으로 나를 다른 사람과 비교하지 않고 오히려 타자와 동등하게 타자와 더불어 존재한다는 것, 즉 내가 모든 타자와의 상호소통을 추구하는 한 ―비교 가능한 일에서 타자가 나의 상위에 있건 나의 하위에 있건 간에― 모든 타자와 동등한 수준에서 만난다는 것은 오히려 실존의식의 표현이다. 왜냐하면 나의 내면과 마찬가지로 모든 사람의 내면에서도 나는 근원과 자아 존재를 전제로 하기 때문이다. _Ph II 85

본질적으로 내가 나의 내면과 마찬가지로 타자의 내면에서도 근원과 자아 존재를 전제로 한다는 바로 이 이유 때문에 타자와 동등한 수준에서 만난다는 진술이 이 인용문에 나타나 있다.

실존적 상호소통을 가지는 자들은 동등한 위치에, 즉 동등한 실존의 지평에 속하지 않으면 안 된다KJ 82. 야스퍼스는 이러한 상호소통의 전형적인 실례를 니체가 그의 누이동생인 엘리자베트 니체에게 보낸 두 통의 편지에 관해서 논평하면서 다음과 같이 소개하고 있다.

니체는 자기와 동등한 부류의 사람들 그리고 자기와 동등한 위치에 있는 사람을 결코 만난 일이 없다. 그러므로 그는 마침내 다음과 같이 말하지 않을 수 없다. "사람들이 나를 사랑할 수 있다고 생각하기에는 나는 너무나 긍지를 가지고 있다. 이것은 내가 누구인가를 누군가가 안다는 것을 전제로 한다. 나는 어떤 사람을 사랑하게 되리라고는 생각하지 않는다. 이것은 내가 나와 동등한 위치에 있는 사람을 발견한다는 것을 전제로 한다(1885년 3월). 완전한 우정은 오직 동등한 자 사이에서만 존재할 수 있다(1886년 7월 8일)." _EvP 90

야스퍼스는 상호소통을 가지는 자들끼리의 '실존적 결속'에 대해서도 말하고 있다. 이러한 실존적 결속은 실존을 실현할 수 있는 가능성 속에서 타자를 동등한 상대로 인정하는 데 있다. 실존적 상호소통에서 소통의 파트너는 경험적으로 비교할 수 있는 관심사가 서로 다르다는 점에서 상호존중한다. 상호소통의 파트너들은 자기를 상대와 균등하게 비교하지 않고 각자의 개인적 특수성을 서로 존중해야 한다. 이와 반대로 가령 내가 어떤 사람을 전체로서 평가하고 총결산하고 정산하는 한 나에게 그 사람의 실존은 이제 존재하지 않고 오히려 하나의 심리학적 대상 또는 정신적인 대상만이 존재할 뿐이다Ph II 95.

따라서 야스퍼스에게서 실존의 실현은 다음과 같은 태도를 견지할 경우 가능해진다KJ 83.

① 명상적·창조적 고독과 외부로부터 조종되지 않는 자주적 자각으로의 용기

② 자기의 견해와 확신에서 자기를 감추는 일 없이 다른 인간에 의해 문제시되도록 하는 각오로서 마음을 열어젖혀 드러내고자 하는 의지

③ 다른 인간에게 비이기주의적인 관여가 가능하도록 하려는 준비

④ 비교할 수 있는 외적인 관심사(사회적 입장)의 차이에도 불구하고 자신의 자기실현의 가능성에서 원칙적으로 다른 인간을 동등한 것으로 인정할 용의

실존적 상호소통에서 소통의 파트너들이 이런 태도 및 관점을 가지고 진리로의 투쟁이라는 공동목적을 추구하고, 그리고 그런 과정에서 마침내 실존이 개명된다.

6

철학함의 방법으로서의 초월함

야스퍼스에 의하면 과학은 대상성과 결합되어 있다. 그와 반대로 철학은 대상들을 지향하지 않고, 모든 대상성 저편에 있는 '본래적 존재'의 영역을 지향한다. 철학의 방법들은 본래적 존재의 비대상적 성질에 상응한다. 철학의 방법들은 모든 대상성을 초월하는 방법들이다.

이 초월함이란 무엇인가? 초월함이란 근원적으로 '저편으로 올라감' 또는 '넘어섬'과 같은 것을 의미한다. 여기서 넘어서지는바 그것은 모든 사유의 기초가 되어 있는 주관·객관의 분열이다. 왜냐하면 '본래적 존재'가 이러한 도식의 기초가 되어있기 때문이다. 그러므로 본래적 존재가 그 본질상 수행할 수없는 그 어떤 것은 사유의 도움으로 실현된다. 그럼에도 철학은 항상 전달된다. 그러므로 야스퍼스는 그가 이미 소크라테스에게서 그 모범을 보았던 특별한 형식의 전달, 즉 간접적인전달 형식으로 소급하고 있다.

다양한 의미의 초월자가 존재한다. 대개 이렇게 말함으로써 인식론적인 초월자가, 즉 의식으로부터 인식대상들의 독립이 생각된다. 대상은 인식행위를 넘어선다. 즉 대상은 독립적인 것으로서 인식행위에 대립한다. 그것은 수학적인 대상들의 의미에 있어 단순히 생각된 것에도 또한 적용된다. 물론 외부세계는 의식을 넘어선다. 우리는 한쪽을 논리적인 초월자라고 일컬었고 다른 한쪽을 실재적 초월자라고 일컬었다Ph I 37. 그럼에도 이 두 종류의 인식론적인 초월자는 야스퍼스가 기도하는 바의 것에 적중하고 있지는 않다. 그러므로 그는 또한 초월자의 명칭을 그것들에 허용하고자 하지 않는다. 그 때문에 초월자는 차라리 초주관적인 것이라고 불린다. 만일 주관으로서 내가 초주관적인 것을 지향한다면 나는 이런 의미에서 모든 사유작용에 초월함을 행하고 있는 것이다.

그러나 본래적 초월함은 대상적인 것으로부터 나와서 비대상적인 것 속으로 탈출하는 것을 뜻한다. _Ph I 38

초월함은 인간의 특별한 가능성이며 그것은 궁극적으로 자유의 행위이다. 나는 초월할 수 있다. 그러나 나는 또한 초월함을 중단할 수도 있다. 단순한 현존재는 초월자 없이 존재한다. 그러나 자기의 자유에 의하여 단순한 현존재를 넘어서까지 미치는 인간은 초월할 필요가 없다. 나는 마치 죽음이 존재하지 않는 것처럼 살 수 있다. 나는 대상세계로서 만족할 수 있다.

> 세계가 자신 가운데 어떤 근거도 가지지 못하고 그것 자체가 영속적인 파멸 가운데 있다는 것은 사실상 논증될 수는 없지만, 나타내질 수는 있다. … 초월함은 그것 없이는 일체의 현존재의 소멸에 대한 진정시킬 수 없는 불안에서 발원한다. _Ph I 40

야스퍼스에게 철학함은 이처럼 초월함이다. 초월함이 없는 곳에서는 내재적·개별적 과학에 의한 대상 인식이 있기도 하고 지적인 놀이가 있기도 하다. 그러나 철학은 항상 언어적이 되기도 한다. 그러나 언명된 철학함은 초월함을 결코 적절히 전달할 수 없다. 그 경우에 오해는 항상 있을 수 있다. 왜냐하면 전달상의 표현은 불가피적으로 매 순간 대상적이기 때문이다. 간접적 전달의 형식은 초월함을 표현하고자 하는 시도이다.

주관·객관 분열은 우리에 대해 존재를 가지는 바의 것이 필연적으로 나타나는바, 매개물이다.

우리는 주관·객관 관계 바깥으로 나아갈 수 없다. _Ph I 40

그러나 '본래적 존재'는 이 분열의 저편에 있고 또한 우리에게 결코 객관이 될 수 없다. 초월함은 '이 본래적 존재'를 사유운동에 있어 소유하는 것이 아니고, 관계하고자 하는 시도를 의미한다. 나는 '객관적인 것'만을, 즉 단지 객관이 될 수 있는 것만을 소유할 수 있다. 그러나 '본래적인 것', 즉 존재는 객관이 될 수 없다. 이른바 '피안적 대상'에 이르는 초월함은 '거짓된 초월함'일 것이다Ph I 41.

과학과 구별되는 철학은 특수한 대상이 없는 사유이다. 그럼에도 사유는 대상 없이는 실행될 수 없다. 그러므로 철학은 과학의 세계정위에 있어 단순한 객관성으로서 나타나는 모든 것을 그 질료로서 가진다Ph I 44.

과학적 인식은 대상성에 의하여 두드러진다. 그와 반대로 철학은 어떤 연구대상도 가지지 않는다.

일정한 대상이라는 것은 또한 특별과학의 대상이다. 내가 예를 들면 전체, 세계, 존재를 철학의 대상이라고 부른다면 이 말들은 철학적 비판이 나타내 보이고 있는 바와 같이 더 이상 대상을 맞히지 못하고 있다. 철학적 방법들은 대상적인 것을 넘어 초월함을 하는 방법들이다. 철학함은 초월함이다. _RA 253f.

철학은 역시 무대상적이다. 그러나 대상과 결부된 인식이다. 과학적 인식은 대상성에 의해서뿐만 아니라 보편타당성에 의해서도 두드러진다. 그것이 과학적 인식의 특징이기도 하다. 철학적 인식도 항상 반드시 일반적 형식과 '학설'로 진술된다. 그러나 일반적인 것은 야스퍼스에 의하면 세계정위의 요소, 즉 과학의 요소이다.

"철학적 표현의 일반성은 그것이 보편적인 것으로서 이해된다면 이해되지 않는다. 그것은 개인에 의하여 늘 실존적 역사적으로 자기화되고 해석된다"NPL 359. 더욱이 초월함은 '유일한 것'이다. 그러나 우리는 세 가지 변화들을 구별할 수 있다.

나는 세계정위에 있어서 강제적 초월함을 통해 현존재의 현상성을 의식한다. … 이러한 근거에서 나는 초월함에서 실현하는 실존개명에서 나 자신이 본래적으로 존재하고 그리고 존재할 수 있다는 것을 의식한다. 이 두 가지 전제들에 근거하여 형이상학에서 초월자로의 초월함이 명료화된다. _RA 427

우리로 하여금 한계에 직면케 하는 세계정위에서의 초월함을 우리는 '소극적인 초월함'이라고 부른다.

세계정위에서는 인식 가능한 것의 한계를 경험한다. _NPL 368

세계정위에서는 단지 '소극적인 초월함'만이 사유된다. 세계정위에서는 아직 '적극적인 초월함'은 일어나지 않는다Ph I 277. 나는 항상 과학의 한계에 빠진다.

그러나 내가 직면하는 과학의 한계, 즉 한계 자체는 초월함을 야기하지 않는다. 과학의 한계는 나의 현존재를 동요시키고 나를 당혹하게 한다. 그러나 과학의 한계는 나의 의식에 대해서 아무것도 뒤에 남기지 않는다. 이 한계들을 구별하는 것이 중요한 문제이다. 한계들은 그때마다의 것으로서 존재할 수 있고, 그 경우에 넘어서질 수 있다. 한계들은 연구자에 대한 자극이지만, 철학적 충격을 주지 못한다. 다른 한편 한계들은 원리적이다. 원리적인 한계는 연구를 정지시키지만, 그것은 철학적 초월함의 가능성을 열어준다. _Ph I 45

실존개명에서 초월함을 통해서 나는 철인으로서 과학적으로 연구하는 경험적 자아를 넘어서 실존으로 초월한다. 실존은 대상이 아니다. 실존은 사실 대상들 가운데서 나타난다. 그러나 실존은 대상들과 동일적이지 않다. 철학은 실존을 개명하고자 시도할 수 있다. 즉 실존을 깨달을 수 있도록 시도할 수 있다. 그러나 그것은 항상 대상적인 것 가운데서만 일어날 수 있다. 그러므로 철학적 전달은 필연적·간접적으로 일어날 수밖에 없다.

실존을 간접적으로 바꾸어 쓰는 말들은 개념이 아니고 암호이다. 왜냐하면 이 말들은 대상적인 존재에 적용되는 것이 아니기 때문이다Ph I 47. 철학이 이러한 사상에서 기도하는 것은 의식일반에 의하여 적용되지 않는다. 의식일반에게 철학은 이해 불가능한 것으로 존속한다. 그럼에도 철학은 의식일반을 매개로 하여 표현된다. 그러나 실존개명은 의식일반에게 의뢰하지 않고, 오히려 가능적 실존에게 의뢰한다. 실존개명은 단지 가능적 실존에 의해서만 이해될 수 있다.

최종적 초월함은 초월자를 지향한다. 이 초월함은 단지 실존에게만 가능할 뿐이다.

초월자가 그 가운데서 현상하는바 대상성은 단지 실존에게만 투명하며 동시에 대상성으로서 사라진다. 이러한 대상성은 이론적 의식일반에 대해서 존재하지 않는다. 이론적 의식일반에 대해서 이 대상들은 불투명하고 대상들 그 이외에는 아무것도 아니다. _Ph I 49

현존재가 의식에 대해서 현재적으로 대상이면서 가능적 실존이 될 수 있는 데 반해서 초월자는 절대적으로 초월적이다.

실존적 초월 체험은 존재의 확신이라는 앞서 나아가는 걸음, 즉 초월자로의 '형이상학적 초월' 및 '최종적 초월'에 대한 충동을 인간에게 준다. 이 초월함의 체험은 야스퍼스가 자신의 철학함의 맥락에서 이해하는 바처럼 형이상학에서는 다음세 가지 방식에 의해, 즉 초월자로의 논리적·형식적 초월함, 초월자로의 실존적 관계에 대한 철학적 반성, 초월자로의 암호해독에 의해 가능해진다KJ 39.

초월함의 양태들이 상호 간에 제약하는 관계를 고려하지 않는다면, 즉 우리가 야스퍼스의 철학 구상의 내적 체계성을 고려하지 않는다면 우리는 야스퍼스의 철학 구상의 내적 체계성을 이해하지 못할 것이다. 철학적 세계정위 가운데서의 초월함은 모든 세계지가 한정되어 있음을 의식시켜주고 동시에 그것은 실존개명이라는 초월함의 가능성의 조건이기도 하다. 이 초월함은 인간에게 초월적·실존적 차원을 지시하고 동시에 형이상학에서의 초월함에 의해 본래적 초월자를 탐구할 수 있는 가능적 조건을 형성한다KJ 40.

7

본래적 자기로서의 실존

야스퍼스의 실존적 이성의 철학에서 실존적 성격을 가장 단적으로 표현한 개념은 '실존개명Existenzerhellung'이다. '실존개명'은 자유를 매개로 초월자와 관련하는 주체적 실존을 개명하려는 것으로서 실존적 분위기를 가장 많이 감지시켜준다. 실존개명은 가능적 실존으로서 내가 본래적 존재로서 초월자와 관계를 가지는 가운데 가능해진다. 따라서 초월자와의 관계없이는 실존의 구현, 즉 실존의 개명은 불가능하다.

그 자체로서 비대상적인 존재에 관해서 나는 부적당한 대상화에 있어서의 개명적開明的 확인만을 가질 뿐이다. 이 비대상적인 존재가, 가령 그것이 근원적으로 나 자신의 존재 가운데서 그것 자신을 나에게 대하여 나타낸다면, 실존이다. 만일 비대상적인 존재가 암호의 대상적 형태 가운데 존재하는 것이라면, 그러나 단지 실존에게만 파악 가능한 존재라면 그것은 초월자를 뜻한다. _Ph I 28

초월자와 실존은 대상적으로 탐구될 수 없다. 그러나 초월자와 실존은 철학의 본래적 '대상들'을 나타낸다. 가령 여기서 철학의 본래적 '대상들'에 관해서 말하더라도 물론 대상성 자체는 부정되고 있다.

야스퍼스는 철학의 본래적 '대상들'에 관해서 아우구스티누스와 다르지 않게 사유한다. 아우구스티누스는 신성과 영혼을 인식하고자 한다. 그는 또한 야스퍼스의 전문용어로 표현하자면 초월자와 실존을 개명하고자 한다.

존재는 세계존재로써 다 길어내지지 않는다. 대상적인 것은 모두 존재가 아니다. 영혼과 신 또는 실존과 초월자는 세계 내 사물들과 같은 의미에서 존재하지 않는다. 그렇다고 해서 아무것도 아닌 것이 아니다. 가령 그러한 것들이 인식될 수 없다고 하더라도 그것들은 사유될 수는 있다. 실존과 초월자는 현존재로서 '현상한다.' 즉 이러한 현존재로서 대상적·객관적으로 이해될 수 있다. 그러나 실존과 초월자는 현존재는 아니다. 그럼에도 현존재는 실존에 대해서 실존의 현실화의 매개물을 의미하고 초월자에 대해서는 초월자의 현재화의 매개물을 의미한다.

나는 야스퍼스에 의하면 모든 철학적 사상의 내용을 내가 부정할 수 있는 것과 마찬가지로 특수한 대상적 인식과 대립하여 실존을 부정할 수 있다.

실존이 현실성이라는 것은 경험적 현존재로서는 더 이상 입증되지 않는다. 그러나 우리는 거기를 가리켜 보일 수 있다. _NPL 162f.

야스퍼스는 이와 같은 지시자(가리켜 보이는 자)를 '암호Signa'라고 부른다. 암호는 현존하는 그렇게 있는 존재Sosein를 시사하지 않는다. 암호는 의식일반에 대한 대상성이 아니다. 만일 암호가 또한 의식일반을 매개로 해서만 표현될 수 있다면 암호는 의식일반에게는 불가해한 것으로 남는다. 왜냐하면 암호 가운데서는 현전하는 현존재는 만나지지 않기 때문이다.

1
자아 자신

자연적 무관심에서 나는 나에게 대하여 물음을 묻지는 않는다Ph II 24. 내가 나에게 대하여 물음을 묻는 순간에 나는 이미 이 무관심에서 눈을 뜬 것이다. 체험된 한계상황이 나를 흔들어 놓음으로써 나는 무관심을 나의 뒤에 따돌려 놓고 간다.

여하튼 나는 누구이며 무엇인가? 나는 '자아일반', '의식 자체', 모든 알 수 있는 것과 관계하는 점點으로서 '오성'인가? "이와 같은 '자아일반'이 사실상 나다. 나는 자아일반에 있어 다른 모든 자아와 일치하는 것을 의심하지 않는다. 그러나 나는 자아일반일 뿐만 아니라 자아 자신이기도 하다"Ph II 26.

'의식일반'으로서 자아의식 속에서 나는 아직도 나를 발견하지 못하고 있다. 나는 시간과 공간 속에서 뚜렷이 살고 있고 그리고 대상이 될 수 있는 나의 현존재에 대해 계속해서 물음을 묻는다.

나 자신의 자아상으로서 대상성에 대하여 나는 거울을 마주함과 같이 나 자신을 전혀 보지 못하고 부분적으로만 본다. 나는 나의 존재의 측면들을 인지하지만, 나 자신을 그 측면들과 부분적으로 동일시한다. 그러나 나는 그 측면들 가운데서는 나 자신과 완전히 동일하게 되지는 못한다. … 나 자신이라는 사실적인 대상성이 나의 가능성의 실현된 현상이기 때문에 그 대상성을 우리는 자아상이라고 일컫는다. _Ph II 27

야스퍼스는 다음과 같이 네 가지 자아상, 즉 신체적 자아, 사회적 자아, 업적 자아, 회상적 자아 등을 구별하고 있다.

1) 신체아

신체로서 나는 공간 가운데 현존한다. 나는 신체에 의해서 활동한다. 그러나 나는 또한 나의 신체와 관련해서는 소극적으로 인내한다. 나는 나의 신체와 하나가 되지만, 그럼에도 나는 신체와 동일하지는 않다.

내가 나의 신체적 자아라면, 여하튼 신체의 부분이 본질적으로 나에게 본질적이 아니라는 것은 기묘할 것이다. 나는 사지四肢, 개개의 기관들, 뇌의 일부분을 잃을 수 있다. 나는 나로 존재한다. _Ph II 28

야스퍼스는 신체아에 대해 다른 또 하나의 관찰을 다음과 같이 보여주고 있다.

나의 신체는 그 구성요소를 끊임없이 새롭게 한다. 그 신체의 물질은 교체되기도 하지만, 그럼에도 나는 나로 존재한다. _Ph II 28

그리고 또한 자살의 가능성에서 야스퍼스에 의하면 나는 나의 신체가 아니라는 것이 명백해진다.

나는 나 자신을 죽일 수 있고 그 점에 한해서 나는 내가 나의 신체성을 나 자신으로서 승인하지 않는다는 것을 실증할 수 있다. 나는 단지 수동적으로만 죽을 수 있는 신체를 죽일 수 있다. 그러나 나는 나 자신을 단순히 그렇게 하는 것 이외에 아무것도 아닌지 어떤지에 대해서 물음을 물을 수 있다. _Ph II 29

2) 사회아

야스퍼스는 사회아(사회적 자아)에 대해 다음과 같이 기술하고 있다.

나는 나 자신을 사회생활의 맥락에서 간주되는 것으로 생각할 수 있다. 나의 직업적 기능, 권리, 의무는 나의 존재로서 나에게 강요한다. 타인에게 미치는 영향은 나의 본질상本質像을 생성시킨다. … 나는 내가 타인에 대해서 존재하는 바의 것으로 존재한다고 생각한다. _Ph II 29

인간은 그가 사회 바깥에서 사회에 대립하더라도 그 자신은 사회적 존재이다. 누군가가 주위·환경에 의하여 잡아 찢기는 상처를 받음으로 말미암아 자기를 상실하는 그런 경우들이 있을 수 있다. 그렇다고 하더라도 사회아는 나의 자아와 동일하지 않다. 나는 모든 사회적 변화에 대해서도 나 자신으로 존재할 수 있다.

나는 사회적 상태들의 산물이 아니다. _Ph II 30

3) 업적아

업적아業的的 自我와 관련해서 야스퍼스는 다음과 같이 말하고 있다.

사회는 내가 행하는 것에 따라서 나를 평가한다. 내가 행한 것은 나에게는 나인 바의 것의 새로운 거울이다. 내가 성취한 것, 내가 나의 성과와 업적으로서 볼 수 있는 것, 또는 나에게 실패로서 그리고 내가 잘못 행한 것으로서 나의 눈앞에 나타나는 바의 것, 거기에서 나는 독자적인 방식으로 대상적이 된다. _Ph Ⅱ 31

그럼에도 나는 내가 행하는 바의 것과 동일적이지 않다. 나는 업적을 나로부터 떼어낼 수 있다. 더욱이 나는 나의 업적에 반대할 수도 있다. 나의 자아는 내가 행하는 바의 것에서 다 길어내지지 않는다.

4) 기억아

야스퍼스는 네 번째 자아상으로서 기억아記憶的 自我를 거론하고 있다. 나의 현재의 자아의식은 ―의식적이든 무의식적이든— 나의 과거에 의해서 규정된다.

나의 과거는 나의 거울이 된다. 나는 나였던 바의 것이다. _Ph II 32

그러나 나는 나의 기억의 총체성이 아니다. 나는 현재적이면서 미래적이다. 그러나 과거는 현재와 미래에 대한 척도가 아니다. 보다 정확히 말하자면 나의 기억에 관하여 연속성이야말로 내가 되며, 따라서 나의 본질의 실체가 가시적이 된다.

그러나 기억에서 나는 나에 대해서 현상할 뿐이다. _Ph II 32

고정된 객관으로서 이 기억은 나와 동일한 것이 아니다.
총론적으로 말해서 우리는 또한 내가 이러한 자아상과 동일하지 않다고, 즉 자아상의 전체와 동일하지 않다고 말할 수 있다.
나는 자아상 가운데 나에 대해 단지 경험적으로만 현상할 뿐이다. 자아상은 항상 단지 개별적인 정황과 관계한다. 그러나 자아상은 본래적으로 존재하는 바의 것과는 관계하지 않는다. 비록 내가 나를 이러한 다양한 자아상 가운데서 대상적으로 파악할 수 있다고 하더라도 나는 그때마다 내가 전적으로 이러한 자아상이 아니라는 것을 경험한다.

객관이 되는 것은 나 자신과의 절대적 동일성에 이르지 못한다. _Ph II 32

나의 본래적 존재는 이 현상의 기초가 된다. 그러나 나의 본래적 존재는 그 총체성에서 나에 대해 대상적이 되지 못한다. "나는 좀 더 달리 존재한다"Ph II 34. 가령 나에 관한 어떤 특정의 지가 없다고 한다면 이 숙고에 의하여 나에 관한 간접적 지가 생긴다.

'자기'는 일체의 가지적可知的인 것 그 이상이다. _Ph II 34

이 객관적 고정에 대립하여 객관화할 수 없는 것, 즉 '자아 자신 또는 실존으로서 자아'가 존재한다.

2
자유로서 실존

  야스퍼스는 키르케고르에 의존하여 실존을 "자기 자신과 관계하며 거기에서 그 자신을 조정하는 어떤 힘과 관계되어 있음을 아는 자기"로서 이해한다PGO 198. 두 가지 계기가 여기서 다음과 같이 언급된다. 즉 첫째 나는 나 자신과 관계한다는 것, 둘째 나는 나의 존재의 근거와 관계를 가진다는 것 — 이두 가지 계기들은 야스퍼스의 실존 개념에 대해서 결정적인 의미를 가진다. 인간은 자기 자신을 자유로서 경험하며, 자유는 초월자에 의존하고 있는 것으로 경험한다. 이 두 가지 국면에 의하여 야스퍼스는 신 없이도 삶을 꾸려나갈 수 있다고 생각하는 모든 실존주의와 구별되고 있다.

  야스퍼스에 의하면 자유는 실존개명의 본래적 암호이다. 실존은 본질적으로 자유에 의하여 드러난다. 실존은 본질적이기 때문에 마치 실존과 자유가 동일한 것처럼 생각될 수 있다. 그러나 야스퍼스는 그것을 전체적인 동일성 속에 포괄시키려고는 하지 않는다. 왜냐하면 실존은 포괄적인 현실성의 자유이기 때문이다NPL 205. 즉 실존은, 비록 자유가 실존의 표지라고 하더라도, 자유를 넘어서 다른 계기들에 의하여 규정되기 때문이다.

3
대상으로서 자유

정치적 자유, 개인적 자유, 경제적 자유, 종교적 자유, 양심의 자유, 사상의 자유, 출판의 자유, 집회의 자유 등은 많이 논란되는 자유이다UZG 194. 이 모든 자유의 개념은 ―만일 이 자유의 개념이 철학적 자유의 개념에 기초되어 있지 않다면 외면적이 될 것이고 전도되고 말 것이며― 야스퍼스에 의하면 "인간의 본래적 존재와 행위로서 타당하지 않으면 안 된다" UZG 195.

인식 가능한 자연에서는 야스퍼스가 문제로 삼는 자유는 나타나지 않는다. 생물학, 심리학, 사회학은 자유가 거기에서는 어떤 자리도 가지지 않는 인간으로의 표상을 내포하고 있다. 그럼에도 자유는 대상적 형식으로 현상한다. 야스퍼스는 이와 같은 세 가지 현상방식들을 다음과 같이 언표하고 있다.

첫째 자유는 객관적으로 보면 육체적 속박, 정신적, 압박, 위협, 육체적 고문 등에 의해서 강제화된 것과는 반대로 행위의 자유이다.

둘째 자유는 객관적으로 보면 사회적·정치적 소여성所與性과 확정된 상황에 의해 제한되는 것과는 반대로 스스로 자신을 전개하고 행동할 수 있는 자유이다.

셋째 자유는 객관적으로 보면 정신적 질병(정신적인 병적 상태와는 구별되는 것으로서 규범적인 형법학자들이 말하는 형법전서적 의미에서의 심리학적인 의지의 자유와 같은 것)에 의하여 부자유하게 되는 것과는 반대로 선택의 자유로서 의지의 자유를 말한다. _PGO 356

그러나 이러한 객관적 자유의 개념은 철학적 자유의 개념을 다 길어내지 못한다. 철학적 자유의 개념을 해명하고자 하는 지속적인 시도는 그 전제들에 대해 물음을 묻는 데 있다. 야스퍼스는 여기서 세 가지의 자유, 즉 지식으로서의 자유, 자의恣意로서의 자유, 법칙으로서의 자유를 언급하고 있다.

단지 존속하거나 생기하는 것은 자유롭지 않은 현존재이다. … 나는 사건의 결과가 아니다. 나는 내가 존재한다는 것을 안다. 나는 무엇을 행하고 그리고 내가 그것을 행하고 있다는 것을 안다. … 수동적 필연적으로 생기하는 것은 어떤 필연성으로부터도 나를 해방시키지 못한다. 그러나 자기 자신이 참여하는 것, 즉 내가 행하지 않으면 안 되는 일들을 이해하는 것은 자유의 계기이다. 나는 지식에 대해서는 자유하지 않다. 그러나 지식 없이는 자유도 없다. _Ph II 177

대상적인 것 자체, 지식은 이러한 의미에 있어서 "모든 자유의 최소한도이면서 동시에 제약이다"NPL 276.

나는 내가 아는 많은 가능성 가운데서 선택할 수 있다. "많은 것이 나에게 기능적이 되는 곳에서 나의 자의는 생기하는 것의 동인이다"Ph II 177. 객관적인 관점에서 나는 이 자의를 강제적인 생기로서 파악할 수 있다.

나의 선택은 나의 지의 양식에 의존하고 그리고 나는 지의 성립 과정을 추구할 수 있다. _Ph II 177

나의 선택은 또한 심리학적인 동기에 의존한다.

그러나 두 가지 양태의 의존성에도 불구하고 자의는 어떤 인식에 의해서도 이해되지 않고, 오히려 전제되는 일종의 적극성이다. _Ph II 177f.

하나하나의 사례에서, 사실상의 결정은 엄밀한 인과적 통찰에 의하여 필연적인 것으로서 증명될 수도 없고 예언될 수도 없다.

선택자로서 내가 나의 결정을 단순한 우연으로 바꿀 경우에 예를 들면 동전을 홱 던지거나 또는 주사위를 굴림으로 해서 자의의 계기가 지속한다. 왜냐하면 나는 나 자신을 객관적 우연의

수동성에 임의로 예속시키기 때문이다. _Ph II 178

객관적인 관점에서 자의는 임의로 활동하는 것같이 생각된다. 그러므로 자의는 분열 없는 것같이 생각된다. 다시 말해서 자의는 주관적·임의적인 것같이 생각된다. 그러나 그것은 적합하지 않다.

오히려 모든 자의적인 결정에서 자발성으로서 나의 자아 존재와 합치하는 것이 효과적이다. _Ph II 178

그러나 자의는 그것이 내실 없이 존재하기 때문에 결코 자유가 아니다. 그러나 자의 없이는 자유는 없다. 그러므로 지와 자의는 항상 '형식적' 자유만을 나타낸다Ph II 185.

오성과 자의는 그것들의 본질적인 자유에서 비로소 법칙으로 이해된다. 그것들의 자유는 단순한 대상으로서의 지와 순간이 생각될 수 있는 것과 같이 단순한 선택으로서 선출의 임의성이 아니고, 타당성의 사유로서 오성적 사유의 올바름에서 그리고 올바른 행위의 자의에서 비로소 실행된다. … 올바름으로서 이 자유는 사실은 텅 빈 채 존재한다. 단순한 올바름은 가장 타당한 것일 수 있다. 그러나 올바름은 모든 실질적인 자유에 대한 조건 또는 가시이다. _NPL 276

야스퍼스는 명증적 법칙에 대한 복종에서의 자기 확신을 칸트와 관련하여 '선험적' 자유라고 부르고 있다Ph II 185. 비록 지식, 자의, 법칙 없이는 자유는 존재하지 않는다고 하더라도 이 자유는 이러한 조건들과 동일시될 수는 없다.

4
실존적 자유

심리학적·사회학적 자유들은 결코 자유 자체가 아니고, 현존재에서의 자유 자체의 현상이다.

자유는 증명될 수도 없고 반박될 수도 없다. _Ph II 169

자유는 경험적 현실성과는 다른 의미에서 현실적이다. 자유는
경험적 현실성으로서는 나타내질 수 없다. _NPL 282

자유가 존재하는지 어떤지 하는 물음은 의식일반의 문제로
서는 공허하다. 왜냐하면 자유는 현존재로서 증명되지 않기
때문이다. "인식이 닿을 때까지 자유는 존재하지 않는다"Ph II
177. 그러므로 나는 자유를 항상 심리학적으로 또는 사회학적
으로 설명할 수도 없고 이해할 수도 없다.

자유는 '그것이 심리학적으로는 자의로, 사회학적으로는 정
치적 자유로, 정신병리학적으로는 자유로운 의지의 결정을
빼앗는 것으로 대상화되는 한' 대상이다.

그러나 또 한편 그것은 본래적이고 규정될 수 없는 실존적인 자
유로서 이 세계 내의 어떠한 대상도 아니며, 심리학의 대상도
될 수 없는 것이다. _PGO 162

나의 자유에 있어 결정적인 것은 야스퍼스에 의하면 내가 그 무엇을 선택하는 것에, 즉 객관성에 있는 것이 아니고, 이 선택들이 객관성에 의하여 실현될 수 있을 때 내가 나를 선택하는 데 있다. 즉 나는 나를 선택한다. 자유로운 결정에 있어 나는 나 자신의 본질을 역사적인 연속성에서 창조한다. 나 자신은 나의 행위의 근원일 뿐만 아니라, 이로 말미암아 나 자신의 본질의 근원이기도 하다. 더욱이 야스퍼스는 이러한 맥락에서 '자기창조'에 관해서 말하고 있다. 그러나 여기서 절대적 자기창조가 중요한 것이 아니다. 그것은 이미 '자기증여됨'의 개념에 의해서 명백하게 된다.

만일 내가 스스로에게 '나는 자유롭다'고 말한다면 이것은 다음의 의미를 지닌다. 즉 내가 무엇이 될 것인가는 나에게 달려 있다는 것이다. 내가 이 세계 내에서 스스로 행하는 것을 통하여 나는 나라는 존재가 되어간다. _PGO 354

야스퍼스가 실존적 또는 근원적 자유라고 부르는 이 자유는 일체의 대상화와 일반화에서 멀어진다. 이 자유는 오성과 자의의 자유보다 더 깊은 수준에 있다.

> 나는 직접 실존을 의지意志할 수 없다. 나는 단순히 대상적인 것
> 만을 의지할 수 있다. _Ph Ⅱ 162

그러나 실존은 비대상적이다. 그것은 내가 실존을 단지 나
의 행위를 통하여 세계 내에서 실현할 수 있다는 것을 의미한
다. 내가 존재한다는 것, 그것을 나는 나의 결단을 통해서 실
현한다.

> 자유는 자기 자신에서가 아니라, 이미 행하여진 것에서만 이해
> 된다. _NPL 206

그러므로 실존적 자유는 대상적인 것의 영역 내에서 행하는
선택의 모범에 의해서는 이해되지 않는다. 선택에 의한 실존
은 바로 가능적 실존이 자기 자신을 선택하는 데서 존재한다.
여기서는 객관적인 선택이란 중요하지 않고, 나의 자기선택
이 중요하다. 이러한 의미에서 자유는 나의 자기선택이다. 자

유는 그 근본에서 외면적인 것과 관계하는 것이 아니고 내면
적인 것과 관계한다.

단순한 선택은 사물들 사이에서의 선택으로서만 현상할 뿐이
다. 그러나 자유는 나 자신의 자기선택이다. 그러므로 나는 한
번도 나 자신을 존재하는 것과 나 자신으로 존재하지 않는 것
사이에서, 마치 자유가 나 자신의 도구에 지나지 않는 것처럼,
선택할 수 없다. 나는 선택함으로써 존재한다. 즉 만일 내가 존
재하지 않는다면 나는 선택하지 않는다. 나 자신이 무엇인가 하
는 것은, 내가 아직 결단되지 않았기 때문에, 즉 내가 아직 존재
하지 않는 한 물론 미결정이다. _Ph II 182

야스퍼스는 오늘날 진부하게 들리는 자아실현이라는 말을
명백히 파기하고 있다.

나는 나 자신을 둘러보면서 탐색하더라도 찾지 못한다. _Ph II 183

그러나 자유가 있는 곳에는 또한 책임이 있고 책임이 있는 곳에

는 의미가 있다. 나는 그 점에 있어서는 본질적으로 나의 선택이고 그리고 그것과 결부된 나의 책임이다. _Ph II 183

자기생성은 일체의 권위를 포기하는 것을 의미하지 않는다. 야스퍼스는 항상 전통을 존중하는 태도를 지니고 있었다. 야스퍼스는 오히려 더 나아가서 전통에 대한 외경을 보여주곤 했다. 야스퍼스에 따르면 자기 자신에게로 돌아온 인간은 전통을 잊지 않고 떠맡는 가운데 성실하게 사는 것을 갈구한다. 완전한 자주성을 의식한 사람은 조용히 결의하는 상태에서 자주성을 감행하지만, 맹목적으로 환호하는 가운데서 자주성을 획득하려고는 하지 않는다. 이러한 사람은 전통과 권위에 대한 가장 확고한 감각을 가지고 있고 그 전통과 권위를 가능한 한 최대한으로 보존하고자 한다Ph I 311. 이러한 숙고는 의무와 책임을 경시하거나 또는 전적으로 부정하고자 하는 모든 노력에 반대하는 방향으로 수행되고 있다. 이와 반대로 야스퍼스는 가차 없이 다음과 같은 통찰에 집착하고 있다. 우리는 우리 스스로 결단하고 그것에 대해 책임을 진다. 그리고 우리는 그것을 진지하게 부정할 수 없다.

어느 피고가 법정에서 자기는 그와 같이 태어났고 달리 어떻게 할 도리가 없으므로 해서 자기는 책임을 질 수가 없다고 진술함으로써 자기의 무죄를 논증하려 했을 때 기분이 좋은 듯한 재판관은 다음과 같이 대답하였다. 피고의 그러한 변명은 과연 피고를 처벌하는 재판관의 행위에 대한 석명釋明과 꼭 마찬가지로 정당하다. 즉 역시 재판관도 일단 그렇게 생겨났으며 주어진 법률에 따라 반드시 그렇게 행하지 않으면 안 되게 마련인고로 달리 어떻게 할 수가 없노라고. _Einf 50f.

5
증여물로서 자유

이 문제에 대해서 야스퍼스는 다음과 같이 물음을 제기하고 있다.

만약 내가 자유롭다면 나는 나에 의해서 자유로운 것인가? 나는 나 자신에 도달하지 못할 수도 있다. 그러므로 나는 나의 의지를 통하여서는 나의 자유를 성취할 수는 없다. 나는 나를 통하여 나 자신이 되지 못한다. 나는 나의 자유 속에서, 즉 자유스러움 자체와 자유의 성취 속에서 나 자신을 증여물로 받는다. _PGO 354f.

나는 나 자신을 결단의 형태로 만난다. _Ph Ⅱ 40

그러나 나는 어떤 노력에 의해서도 이러한 자기생성을 강요할 수 없다. 오히려 나는 '선물과도 같이' 나 자신에게 온다Ph Ⅱ 44.

이러한 자기가 증여schenken된다는 것이란 무엇을 뜻하는가? 나는 나 자신에 대해 참으로 책임을 지는 그런 존재이다. 그럼에도 나는 자기 자신을 의욕할 수 있고 또한 자기 자신을 의지하는 그런 존재이다. 그럼에도 나는 나 자신에게 증여된다. "왜냐하면 이 자기 자신으로의 욕구는 또한 추가물을 요구하기 때문이다"Ph Ⅱ 45. 이 형식화에서 '은총'에 대해 사유하게 하는 어떤 것이 들리기 시작한다. 가령 야스퍼스가 이러한 맥락에서 은총 개념을 부정한다고 하더라도 이것은 결코 은총 개념에 모순되지 않는다. 왜냐하면 야스퍼스는 여기서 왜곡된 은총 이해를 비판하고 있기 때문이다. 이러한 왜곡된 은총 이해에서 자유는 오직 신의 의지만이 영향을 미칠 수 있도록 하기 위해서 부정된다Ph II 198. 그렇다면 야스퍼스에게서 자유란 무엇인가? 야스퍼스는 이 물음에 대해 다음과 같이 부정적으로 말하고 있다.

자유가 무엇인지를 알지 못하는가? 그러나 그러한 것은 자유의 본질에 있다. 사람들은 어떠한 명제를 통해서도 자유가 무엇인지를 경험하지 못한다는 비난에 대해 자유란 어떠한 대상이 아니라고 하는 사실을 분명히 한다. 자유는 세계에 나타남으로써 연구할 수 있는 사실적 존재가 아니다. 과학적이고 대상적인 세계인식을 위해서는 어떠한 자유도 존재하지 않는다. 그러므로 자유는 정의된 개념으로서 존재할 수가 없다. 그러나 내가 대상적으로 인식할 수 없는 그러한 것을 나는 사유함으로써 내적으로 인식할 수 있고, 사유의 유동성 가운데서 개념적으로 실현시킬 수 있으며 ─ 그래서 자유가 존재하는 것처럼 자유에 관해서

말할 수 있다. 그러나 피할 수 없는 사실은 거기에 오해의 여지가 들어 있다는 사실이다. _UZG 199

6
존재가능으로서의 실존

야스퍼스가 "인간으로 있음은 인간으로 됨이다"Einf 57라고 말하는 것이며 "우리의 본질은 도상에 있음이다"Einf 99라고 말하는 것은 인간이란 단순히 이 세계 내에 던져진 채로 존재하는 그런 존재가 아니고 주어진 존재의 현상에서 자기 자신을 만들어가고 있는, 즉 자기존재를 생성시켜가고 있는 이른바 존재가능이다는 것을 말하는 것이다.

자기는 현존재도 아니고 그렇게 존재하는 것도 아니고 대상도 아니고 내가 가지고 있고 내가 존재하고 있는 바와 같이 그것으로서 존재하는바 그 무엇도 아니다GP 465. ⋯ 자기는 존재하지

않는다. 존재는 생성 가운데 존재한다. _GP 468

실존은 존재할 것이냐 존재하지 않을 것이냐라는 선택 가운데 부단히 존립한다. 나는 나를 나 자신일 수 있지만, 또한 나 자신이 아닐 수도 있는 존재로서 경험한다. 그 때문에 나는 나 자신의 가능성으로 행동한다. 실존은 존재가 아니고 존재가능이다vw 77. 다시 말해서 실존은 현재 있는 그대로의 자기 이상의 것이며 존재가능이다. 나 자신은 실존으로서 현존재의 현상 가운데 존재하는 것이 아니라, 존재할 수 있고 존재해야 하며, 따라서 나 자신이라는 실존이 영원한가 어떤가를 시간 속에서 결단하는 존재이다Ph II 1.

실존으로서의 자기라는 나는 자기 자신이 되고 자기를 실현해나가는 과정에서 존립할 수 있다. 나는 항상 자기 자신이 될 수 있는 자기이며 그러한 의미에서 실존은 존재가능이다.

실존은 역시 가능성이다. 왜냐하면 실존은 그의 현실성을 항상 결단하기 때문이다. 실존은 그것이 본래적으로 실현되지 않기 때문에 가능성이다. 인간은 현존재에 대해 '가능적 실존'이다. 현존재가 현존하거나 현존하지 않는 데 반해서, 실존

은 가능적이기 때문에 존재를 향해서 한 걸음 한 걸음 나아가
거나 또는 그 존재로부터 선택과 결단에 의해 무無로 걸어나
간다. 그러나 실존이 존재로 나아가는 걸음은 항상 현존재와
의 통일성에서만 일어난다.

단지 현상에서만, 즉 현상 바깥이 아니라, 유리遊離된 공상적 자
기존재 내에서 나의 본질의 내실이 현현한다. _Ph II 121

야스퍼스는 현상으로서 나의 현존재와 나의 실존의 이 통일
을 '역사성'이라고 부르고Ph II 122, 이 통일에 대한 깨달음을 '역
사적 의식'으로 이해한다Ph II 119.

이 통일의 손상은 물론 현존재의 몰락을 의미하지만, 실존
의 몰락을 의미하지는 않는다. 자기, 즉 실존은 야스퍼스에게
서는 그것이 자기가 되는 한 언제든지 불사적인 것으로 생각
된다Ph II 92. 물론 야스퍼스는 이 불사성의 양식에 관해서 정
확하게 진술하지 않고 있다.

초월자 의식은 동시에 자유와 함께 주어진다.

만일 우리가 자유로 결정하고 우리의 생명을 의미에 찬 것으로 포착할 경우엔 우리는 우리가 우리 자신의 덕택으로 존재하지 않는다는 것을 의식하게 된다. … 인간이 본래적으로 자유일수록 신의 존재는 인간에게 더욱더 확실하다. 내가 본래적으로 자유일 경우 나는 내가 나 자신에 의해서 그와 같이 자유인 것은 아니라는 것을 확신한다. _Einf 51

자유의식과 신의식은 야스퍼스에게서는 하나가 되고 있다.

내가 전적으로 나 자신인 곳에서 나는 더 이상 나 자신만이 아니다. _Ph II 199

자유, 실존, 신 또는 초월자 등은 상호연관의 고리 속에서 이해되는 가운데 인간의 본래성을 구현하고 있는 것으로 생각된다. 따라서 자유 없는 실존은 없고 초월자 없는 실존은 없다.

여하튼 실존의 특성은 『계시에 직면한 철학적 신앙』이라는 그의 저서 속에 집약적으로 요약되고 있다PGO 118-122.

① 실존은 이미 그렇게 있음의 존재Sosein가 아니고, 존재가
능Seinkönnen이다. 즉 나는 실존이 아니고 가능적 실존이다. 나
는 나를 소유하고 있는 것이 아니라, 나에게 오고 있다.

실존은 부단히 자기 자신으로서 존재하는가 존재하지 않는
가라는 선택 가운데 존재한다. 나는 단지 엄숙한 결단 가운데
서만 존재한다. 나는 단지 현존재로서, 의식일반의 점Punkt으
로서, 정신적 창조의 장場으로서 존재할 뿐만 아니라 이 모든
존재양식 가운데서 나는 나 자신일 수도 있고 나 자신을 잃을
수도 있다.

② 실존은 자유이고, 자기의 자유를 경험하는 데서 초월자
와 관계한다. 따라서 실존은 초월자 없이는 존재할 수 없다.
실존은 자기 자신에 의해서 존재하는 것이 아니라, 자기에게
서 일어나지 않을 수도 있는 자유이다. 실존은 초월자에 의해
서 자기 자신에게 증여되었다는 것을 알고 있는, 초월자 없이
는 존재할 수 없는 자유이다.

③ 실존은 그때마다의 개별자이면서 특정의 자기로서 대리
불가능하고 대치 불가능하다.

보편자와 개별자라는 범주에서 말한다면 실존은 개별자로

규정되는 것같이 생각된다. 본질과 현실성이라는 범주에서 말한다면 실존은 현실성으로 규정되는 것같이 생각된다. 그러나 이 범주에는 실존의 유일성과 대치 불가능성이 받아들여지지 않으면 안 된다.

실존이 세계 내에서 보여지는 개별적인 실재로서 경험의 대상으로 이해되는 경우에도 그런 것은 인간적 자기존재의 실존이 아니라 세계 내의 개별자라는 소박한 사물적 존재자로서 잘못되게 실존으로서의 영광을 부여받고 있는 것이다. 사실은 아직 실존이 아니다. 실존은 객관적 대상으로서 무한히 존재하는 개별적인 실재가 아니라, 자기 자신의 과제로서 무한한 현실성이다.

④ 실존은 역사적이다. 현존재와 정신도 역사적이다. 그러나 그것은 이중적 의미에서 그렇다. 실존의 역사성은 이와는 다르다. 그것은 현존재, 의식일반, 정신의 형태를 이어받고 있다. 실존은 그와 같은 형태에 결부되어 있다. 실존은 우연성을 가진 현존재, 곧 객관성을 가진다는 점에서 동시에 무한히 인식될 수 있는 이러한 나에게 귀속되어 있는 것을 관철하여 간다. 그러나 현존재의 시간성 속에서 내가 실존적으로 존재한

다면 동시에 이 시간성을 넘어서 있는 것이 된다. 자신의 시간적인 실현이라는 옷을 입은 실존이 역사성이다. 역사성이란 시간성과 영원의 일치이다. 이 역사성은 현존재와 정신의 객관적 역사성이나 주관적 역사성과는 다르다. 실존이란 영원의 현재화로서 시간 속에서의 자기 자신으로의 도달이다.

⑤ 실존은 실존과의 상호 간의 상호소통 속에서만 존재한다. 고립된 대자존재對自存在로서 자기존재는 이미 자기 자신이 아니다. 자기존재는 다른 자기와의 상호소통 가운데서 다른 자기가 자기에게 오는 경우에만 자기에게 온다. 그러므로 실존에는 투쟁하면서의 사랑이 귀속되어 있다.

⑥ 나는 내가 실존하고 있다는 것을 아는 지식에 의해서 현실적 실존일 수는 없다. 내가 나 자신의 실존을 알려고 할 경우 실존으로서의 나는 소멸하고 만다. 실존과 관련하여 말하여진 것, 행하여진 것, 나타내진 것은 모두 간접적인 것으로 존재한다. 그것은 항상 극복할 수 없는 것으로 나 자신 앞에 존재한다.

⑦ 실존은 자기가 증여된 것임을 알고 있기 때문에 그 근거에 있어서 숨겨져 있다.

이러한 실존의 특성을 더욱 함축적으로 언표하면 다음과 같다.

① 실존은 객체적 사실적(있는 그대로의) 자기존재가 아니다.
② 실존은 초월적인 의미를 가지고 있다.
③ 실존은 다른 실존과의 상호소통 속에 있다.

야스퍼스에게서 실존은 초월자와의 관계에서 실현되는 본래적 자기이다. 그러므로 초월자 없이는 실존은 존재할 수 없다.

8

초월자와 암호

초월자라는 주제는 야스퍼스의 저서에서는 넓은 공간을 차지한다. 야스퍼스는 일찍이 자기의 철학적 신, 즉 초월자에 대한 이해를 다음과 같은 말로 전통적·종교적 신의 표상으로부터 구별하고자 하고 있다.

우리는 신에 대항해 이야기하는 것이 아니라, 신을 대변하려고 하는 인간적 요청에 대항해 이야기한다. 우리는 우리에게 무엇이 타당한 것인가를 말하지 않으면 안 된다. 즉 부정적으로 말한다면 세계 속에서 신의 어떠한 직접적 실재성도 존재하지 않는다. 다시 말하면 세계 속에서 자기를 대변하는 어떠한 법정을 통해서도 성무聖務, 말씀, 성례전聖禮典에 대해서 말하는 그러한 신은 존재하지 않는다. 이러한 성무에 복종하는 것이 자기에게 복종하는 것이라고 말하는 그러한 신은 존재하지 않는다. 긍정적으로 말한다면 신은 우리를 자유와 이성의 존재로 창조했고, 그리하여 우리는 그러한 것으로서 증여되어 있고 우리 자신을 무한히 능가하고 있고 간접적으로만 말할 수밖에 없는 그러한 것으로서 하나의 법정 앞에서 자유와 이성에 대해 책임을 지고 있다. … 신을 부정한다는 것은 신의 신앙에 대항한다는 것이 아니고 숨어 있는 신이 계시하는 신에 대항한다는 것이다. 초월자의 현실성에 관한 철학적 의식은 계시의 실재성에 대항한다. _PGO 481

야스퍼스의 시각에서 본다면 인간은 말하자면 미지의 신 또는 초월자에 대한 긴장 속에서 살아간다. 인간은 실존으로서 초월자를 체험하고 있기 때문에 신이 존재한다는 것을 확신하고 있다KJ 140. 그러나 그는 초월자의 '무엇'과 '어떻게'라는 것에 대해서는 어떤 형상도 묘사할 수 없고 묘사하는 것을 허용하지도 않는다. 그러므로 초월자를 일반화하는 카테고리들에 의해서 내용 면으로부터 사유하는 모든 시도는 좌절하도록 운명 지어져 있다Ehw 36.

1
형식적 초월함

초월자는 대상이 아니다. 그러나 우리는 일반적으로 초월자를 어떻게 사유할 수 있고 초월자에 관해서 어떻게 말할 수 있는가? 왜냐하면 우리가 사유할 수 있고 말할 수 있다는 것은 그것이 대상적이기 때문이다. 이러한 역설적인 통찰에 근거하여 야스퍼스는 사고의 가능성을 전개시킨다.

우리의 유한한 사고는 대립되는 것들과 결부되어 있다. 만일 우리의 사고가 마땅히 모든 대립되는 것들의 피안에 존재하는 것을 사유해야 한다면 우리의 사고는 대립되는 것들로 인해 좌절하게 된다. 그러나 방법론적으로 수행되는 이러한 좌절에 의해서 비로소 초월자는 접촉된다. 논리적 언어는 스스로를 포기하면서 논리적인 것의 피안으로 진입한다. … 우리가 인간의 사고가 본질적으로 대립되는 것들 속에서 분열되어 있다는 것을 통찰하게 될 때 우리는 사유 불가능한 형태들에 적용되는

대립의 일치 가운데서 사고하면서 신에게로 비약할 수 있게 된다. _PGO 391

야스퍼스는 유한한 사고가 무한한 것과의 관계에서 좌절할 때, 비록 사고에서라고는 하더라도, 비약이 가능해지는 사고 작용을 '형식적 초월함'이라고 부른다.

우리는 항상 단지 존재, 현실성, 실재, 실체, 질료, 본질, 근거, 근원, 영원성, 불명, 무 등과 같은 범주들 속에서만 사유할 수 있다. 이 모든 범주는 야스퍼스에게는 항상 대상적인 의미를 가질 뿐이다. 만일 초월적인 것이 이러한 범주들로써 명명된다면 그것은 이미 —그것은 범주들 속에서는 존속하고 있지 않기 때문에— 동시에 오해되고 있는 것이다. 우리는 범주들로써 범주들을 뛰어넘어 비대상적인 것, 비규정적인 것, 사유 불가능한 것으로 초월하지 않으면 안 된다. 만일 범주들 내에 서 있지 않는 초월적인 것이 범주들 내에서 사유된다면 범주적인 것이 곧바로 다시금 역설적으로 취소되지 않으면 안 된다. "사고는 그것의 최종적인 초월함의 걸음을 단지 자기 자신을 지향하는 데서만 실현시킬 수 있다"Ph III 38. 이 역설적 취소에 본래적인 중점을 둘 경우 우리는 이것으로 말미암아 절대자에 대한 압도적인 불가해성에 빠져들고 동시에 우리에게 절대자가 나타난다.

이와 같은 초월함의 성과가 언표될 수 있는 명제는 부정에서 성립한다. 사유 가능한 것은 모두 초월자에 의하여 타당하지 않은 것으로서 거부되고 있다. 초월자는 어떤 술어에 의해서도 규정되어서는 안 되고 어떤 표상에 있어서도 대상이 되어서는 안 되고 어떤 추론에 있어서도 안출되어서는 안 된다. 그러나 초월적인 것이 양도 아니고 질도 아니며, 관계도 없고 근거도 없으며 일자―者도 아니고, 다자多者도 아니며, 존재도 아니고, 무도 아니다고 말하기 위해서는 모든 범주가 사용될 수 있다. _Ph Ⅲ 38f.

초월자의 사고는 필연적으로 좌절할 수밖에 없다. 왜냐하면 초월자에 대한 사고는 언제나 다시금 초월자에 대해 어떤 것을 말하기 때문이다. 일자라고도 하고 타자라고도 한다. 그러나 그것이 이미 하나의 범주를 필요로 하는 한 그것은 언제든지 초월자를 합리적이고 유한하게 만드는 것이다PGO 395.

신적인 것은 사고에 대해서 사라진다. 왜냐하면 사고는 그 자체로 규정할 수 없는 것을 규정하는 가운데서 강제적으로 사고하기 때문이다. 초월한다는 것은 이렇게 한다고 해서 우리가 범주들을 포기한다는 것을 의미할 수 없다. 만일 사고의 필연성에 사로잡힌다면 우리는 항상 이러한 속박에서 존재해야 하지만, 우리가 그것을 통찰함으로 해서 다시금 그 속박으로부터 벗어날 수 있다PGO 232.

이러한 의미에서 초월자는 초존재超存在로서도 표시될 수 있고 비존재로서도 표시될 수 있다VW 109. 초존재의 개념에서 모든 존재의 범주는 초월자에 대해서 부적절하다는 것이 표현된다. 비존재의 개념은 초월적 존재란 존재를 의미하는 범주 내에서는 존재하지 않는다는 것을 지시한다.

오성에 대해서 존재하는 일체의 것은 역시 대상적이며 인식 가능하다는 것이 하나의 전제라고 야스퍼스는 설명하고 있다. 그러나 이와 반대로 신은 세계 내 어디에서도 발견될 수 없다.

신은 구체적이며 눈에 보이는 것을 넘어서 존재한다. 신의 현실성은 시·공 속에 있는 실재가 아니다. 신의 현존재는 증명될 수 없다. 신의 현실성은 만일 그것이 존재한다면 모든 세계의 실재들과는 철저하게 다른 성격을 지닐 수밖에 없다. 신에 대한 사유로부터 신을 탐구할 수 있는 보편타당한 신 인식으로서의 과학이 성립될 수는 없다. 왜냐하면 지식에 대해서 신은 존재하지 않기 때문이다. _PGO 233

야스퍼스는 "초월자는 강제적인 현실성이 아니다"Ph Ⅲ 7라고 말하는가 하면 지식의 개념을 대상적 지식의 개념에 국한하고 있다. 그는 또한 "지식은 세계 내 유한적인 것을 적중한다"고 말하기도 한다.

초월자는 오성적 지식의 개념을 거부하며, 규정하고 분석하는 방식으로는 초월자 자신으로의 접근을 불가능하게 한다. 어떤 근거를 제시하고, 그 어떤 것을 정의하고, 그리고 증명하는 것은 야스퍼스에 의하면 유한적 통찰에 속하는 것으로 초월자로의 초월 또는 비약과는 전혀 다른 영역에 속하는 이른바 과학적 세계정위의 조건에 불과하다. 초월자를 이해하기 위해서는 잘라문의 다음과 같은 말을 숙고해야 할 것 같다.

야스퍼스는 '신'이라는 말과 더불어 초월자에 대한 동의어로서 '본래적 존재', '본래적 현실' 또는 '절대적 현실'과 같은 표현을 사용하고 있다. 그러나 이러한 표현들은 처음에 논의된 그의 방법적 기본 가정에 의하면 대상화할 수 있는 존재에 대해서는 아무것도 말할 수 없고 오히려 내적 경험에 관계하고 있는 완전히 다른 존재를 간접적으로 지시해야만 하는 암호로서만 이해되기를 바라고 있다. 이러한 개념들은 그것들이 초월자를 내적으로 감지하지도 않고 또 초월자에 의한 실존적 당혹을 수반하지도 않았을 때에는 내용도 없고 공허하다. _KJ 41

야스퍼스에게서 초월자는 이처럼 비대상적인 것, 비인식적인 것으로서 규정된다. 왜냐하면 야스퍼스에게서 존재론적으로 기초된, 모든 사람에게 타당한 것으로 생각되는, 초월적 존재의 보편성은 현상적으로 나타날 수 없기 때문이다. 초월자의 진리는 오히려 역사적이다. 그러므로 보편적이 아니다. 초월자의 진리는 무제약적이다. 그러므로 보편타당적이 아니다 Ph Ⅲ 23f.

2
초월자의 언어로서 암호

형식적 초월함에서 현상하는 초월자는 규정 불가능하다. 요컨대 초월자는 규정 없이 존재한다. 야스퍼스에 의하면 이 초월적 존재는 "그것이 존재하는 바의 것으로 존재한다"는 형식적 동어반복적 불가해한 명제로서만 진술될 수 있을 뿐 달리 진술될 수 없다Ph Ⅲ 67.

형식적 초월함에서 신성 자체는 숨은 채로 존재한다.

그러나 존재는 그것이 현존재에게서 화제가 되는 한 우리에 대해서 항상 현실적이다. 순수한 피안은 마치 그것이 존재하지 않는 것과도 같이 공허하다. 이러한 근거에서 '본래적 존재'에 대한 경험 가능성은 야스퍼스에 의하면 내재적 초월자를 요구한다.

암호는 이러한 의미에서 초월자가 현재화하는 존재이다. 그러나 암호는 암호 자체로서 초월자가 아니고 단지 초월자의 언어에 불과하다. 암호는 인식 가능한 객관적 대상이 아니다. 암호는 보편타당한 것으로 경험되거나 검증될 수 없다. 암호의 내용은 실재로서 취급되는 것도 아니고 강제적인 지식으로서 취급되는 것도 아니다.

암호는 결코 초월자 자체의 현실성이 아니고 초월적 가능적 언어이다. _PGO 155

초월자 자체는 현상하지 않는다. 초월자는 숨어 있다. "초월자의 현상 대신에 암호의 언어가 나타난다"PGO 156. 초월자의 신체화는 초월자와 우리들 간의 관계에 있어서의 근본적인 혼동이다. "암호 내용을 신체화하는 것은 우리와 초월자 간의 관계에서 근본적인 혼동을 야기시킨다. 초월자의 현실성이 실재 속에 감금되면 우리는 초월자 자체를 상실하게 된다" PGO 163.

야스퍼스는 신 자체를 신체화하는 것을 강력히 비판하고 있다.

존재하는 일체의 것과 인간에 의하여 창조되는 일체의 것, 즉 실재적인 것, 표상된 것, 사유된 것 등은 야스퍼스에 의하면 암호가 될 수 있다. 그러나 암호는 "새로운 대상이 아니고 새로이 획득된 대상이다"VW 1043.

암호는 말하자면 초월자의 비대상적 언어다. 야스퍼스는 가끔 암호를 형이상학적 상징, 형이상학적 대상성이라고 표현하기도 한다. 암호는 여하튼 오직 언어를 통해서만 접근될 수 있는 초월자의 언어다.

야스퍼스의 암호는 비역사적이지도 않고 보편적이지도 않고 실체 없이는 존재하지도 않는다. 암호는 그 애매모호함에서 유지되는 것으로 족하다. 즉 암호는 결코 명백화되지 않는 것으로 족하다. 기호가 그 자체로서 실재적인 계시의 기호로서 간주된다면 그것은 초월자의 은폐성을 지양止揚, aufheben시키게 되는 것이다PGO 174.

암호들은 그것들이 고정되는 순간에 소멸된다. 그러므로 암호는 그 생명의 유지를 위해서 부동浮動을 필요로 한다. 그러나 이러한 부동에 있어 암호는 동시에 그 자신을 넘어서 사물들의 근거, 즉 "존재, 무, 초존재, 모든 것에 앞서는 존재, 모든 존재를 초월한 것 등으로 불리어 왔으며 수천 년 이래 철학이 다루어 왔던 것을 지시한다"PGO 210.

그러나 다음과 같은 물음이 제기된다. 즉 초월자의 비대상성과 무형상성의 요구가 모든 암호문자를 절멸시키지 않는가? 암호문자는 그 자체가 우상숭배는 아니다. 비록 여기서 성서적 형상금령(형상화하지 말라 하는 금령)의 요구가 궁극적으로 실현되지 않는다고 하더라도 그것은 야스퍼스가 주장하고 있는 바와 같이 우리들 인간의 자연 때문에 실현될 수 없다PGO 385. 왜냐하면 여기서 철학은 무엇을 행해야 하는가를 알기 때문이다. 상징성이 신체성이 될 때, 초월자의 대상화가 무한한 언어가 되지 않고 신이 객체로 만들어질 때, "단지 진리에만 적용될 수 있는 것을 상징에 부여할 때"PGO 391 그 경우에 비로소 우상숭배가 생겨난다. 암호는 그와는 반대로 단지 '이정표'로서만 이해된다. "암호는 최종적이거나 유일한 것이 아니다"PGO 210. 그럼에도 "내재적 현상에 있어서 초월자의 이해는 일시적인 방식으로 물질화와도 같이 보일 수 있다"Ph Ⅲ 18. 왜냐하면 일시적인 형식으로서 형태는 초월자의 현상에 대해서 불가피적이기 때문이다.

암호의 다의성으로부터 암호에 대한 객관적이고 중성적인 이해는 존재하지 않는다는 결론이 나온다. 오히려 암호에 대한 모든 해석은 암호에 대한 고유한 경험의 증거로서 제시된다. 암호는 보편적으로 읽힐 수 없고, 오히려 실존적으로 해독되지 않으면 안 된다.

인격적인 신의 표상에 대한 이러한 숙고는 무엇을 의미하는가? 야스퍼스는 인격적인 신 또는 신의 인격에 대하여 말하지만, 반면에 우리는 오늘날 '인격적인' 또는 '인격'을 부여받는다. 인간인 나는 '하느님 당신DU Gottes'에 대해서, 하느님이 인격적인 것으로 사유될 경우에만, 마주 설 수 있을 뿐이다. 그러나 여기서 야스퍼스는 곧 다음과 같이 방어하고 있다. 즉 초월자와 인격신의 동일화는 엄격하게 거부된다. 인격적인 당신과 초월자는 결코 동일한 것이 아니다PGO 219. 그렇게 함으로써 야스퍼스에게 초월자는 결코 인격이 아닌 것인가?

우리는 단지 인간 속에서만 인격성을 알고 있다. 인격존재는 다른 세계 내 존재들과 구별되는 특기할 만한 인간적인 실재이다. 그러나 인격존재는 오직 제한된 존재로서만 가능하다. 다른 인격을 필요로 하며 단지 타자의 인격과 더불어서만 존재하기 때문이다. 그 자신의 힘만으로는 인격은 결코 자신에게 도달할 수

없다. 그러나 초월자는 인격성의 근원이며 인격 이상이고 인격처럼 한정되지도 않는다. _PGO 224

신을 유일하고 자족적인 인격성으로 사유하고자 하는 시도는 야스퍼스에 의하면 부적절하다. 왜냐하면 여기서도 또한 신을 여러 속성을 지닌 하나의 인격성으로 진술하게 됨으로써 신이 유한한 것이 되기 때문이다. 인격존재 속에서 초월자는, 야스퍼스에 의하면 인간이 이 세계 속에서 알고 있는 최고의 것인 인간에 대해, 말하자면 인간적인 본질로 저하되는 것이다. 그러나 인간의 인격존재의 근원으로서 초월적인 것은 결코 인격 이하가 아니고, 오히려 항상 그 이상의 것을 지향한다PGO 220. 이 점에서 '초인격적 초월자'에 관해서 말하는 것은 타당하다.

비록 신성이 역시 인격으로서 인간에 가깝다고 하더라도, 그러나 그것은 야스퍼스에 의하면 신성을 그 자체에 있어 인격으로 만들지는 못한다. 이러한 의미에서 야스퍼스의 초월자는 아리스토텔레스의 부동의 동자 또는 스피노자의 신성과 비교된다. 이 양자는 실은 인간에 의하여 사랑받는다. 그러나 그 양자는 더 이상 사랑하지 않는다.

인격적 신의 암호에 대한 이러한 숙고는 야스퍼스가 신비교의 전통으로부터 넘겨받은 신과 신성 간의 구별을 명료화시키고자 하고 있다.

> 신deus은 초인격적이고 파악할 수 없는 신성deitas이 인간에게로 향하는 형식이다. _PGO 224

신성은 이러한 의미에서 신 이하의 것이 아니고 항상 신 이상의 것을 의미한다. 야스퍼스는 다음과 같이 쓰고 있다.

> 신성은 신 이상을 의미한다. 이 신성을 사유하려고 한다면 신성은 실체, 근거, 그리고 그와 비슷한 보편적 범주들 속으로 빠져들어 가게 될 것이며, 결국 보편적이고 가장 공허한 완전 타자의 범주 속으로 빠져들어 가게 될 것이다. 신성에 대해 사고하는 것은 헛된 일이다. 왜냐하면 신성은 형태화하거나 사고할 수 없기 때문이다. 그렇지만 그것은 초월자의 본래적인 현실성이다.
> 그러나 우리는 긴장 속에서 살 수밖에 없다. 즉 한편으로는 이

러한 본래적인 현실성과 접하기를 원하지만, 언제나 단지 사유와 표상 속에서 암호를 발견할 뿐이기 때문이다. _PGO 224f.

신 자체는 이러한 의미에서 하나의 암호이다. 이와 반대로 신성 또는 초월 자체는 암호가 아니고, 모든 암호의 피안이다. 그러나 우리는 애매한 암호언어에 있어서 암호의 피안과 관계한다. 암호의 피안은 사유될 수 없고, 그럼에도 사유될 수밖에 없다. 그러나 모든 암호의 피안의 개념과 같은 개념은 야스퍼스에 의하면 초월자를 적중하지 못한다.

모든 암호의 피안에 있는 것이 사유되는 동시에 사유 속에서 사라져버리는 대가를 치러야만 그것은 사고될 수 있다. _PGO 417

따라서 철학적인 사변의 사고는 최후에 자기 자신을 지양하는 사유이다. 금지된 진술을 중단하는 것이 아니라, 오히려 본래적으로 철저하게끔 금지되어야 하는 것으로서의 고정화를 지양하는 것을 통해 금지된 것 속에서 유동성을 얻는 것, 이것이 인간적인 상황 속에서의 우리의 과제이다PGO 487.

야스퍼스가 불트만Bultmann의 비신화화의 계획에 단호하게 대항할 수밖에 없다는 것, 그러나 동시에 불트만이 그를 비난할 수 있다는 것, 불트만의 비신화화를 그의 신앙의 자유 재량에 의거하여 끝까지 이끌어갈 수 없다는 것이 이러한 주장으로부터 이해된다.

그러나 비신화화의 방법은 전체적으로 모든 신화의 세계, 즉 암호 일반의 영역을 제거해버리고 우리의 실존에게서 풍부하고 다의적인 초월자의 언어를 빼앗아 간다. _PGO 431

암호의 언어는 신성을 근본적으로 계시하지 않는다. 신은 암호에도 불구하고 단순히 은폐되어 존재하고, 그 자체로 인식되지 않고 절대적 초월적으로 존재한다VE 120. 그러므로 야스퍼스는 간결하게 말한다. "나는 신이 존재한다는 것을 결코 인식하지 못한다Ph III 123. ⋯ 신이 존재한다는 사실로 충분하다PGO 360." 따라서 암호 존재는 신의 인식 가능성이 아니라, 항상 단지 신의 현재만을 의미한다.

9

포괄자와 그 존재양태

야스퍼스는 존재란 무엇인가라는 존재론을 다른 철학자의 존재론과 구별하여 포괄자론包括者論, die Lehre Vom Umgreifenden 또는 포괄자존재론die Periechontologie이라고 부르고 있다. 야스퍼스가 자기의 존재론을 특별히 Periechontologie라고 언표할 때 이 표현은 그리스어 periechon과 Logos라는 개념으로부터 유래한다.

이 포괄자존재론은 최초에 1935년에 나온 『이성과 실존 *Vernunft und Existenz*』에서 발표되었고, 그 뒤에 1937년에 출판된 『실존철학*Existenzphilosophie*』에서 보다 더 구체적으로 전개되었다. 그의 주저인 『철학 I, II, III *Philosophie I, II, III*』과 『진리에 관하여*Von der Wahrheit*』에서 이 포괄자존재론은 자기의 고유한 존재론으로 완성되어 전개되었다.

야스퍼스는 존재를 포괄자das Umgreifende라고 이해한다. 그가 주장하는 바에 의하면 전통적인 형이상학이 사유한 존재는 전체로서의 포괄자가 아니고, 포괄자에 둘러싸여진 존재자에 불과하다는 것이다. 존재란 일체의 존재를 포괄해버리는 포괄자로서 체험되는 한 존재일 수 있다현유 250. 그러나 존재가 사유하는 주관에 의하여 사유되는 한 그 존재는 대상으로 존립할 뿐이며 동시에 그것은 존재자로서 사유될 뿐이다. 포괄자는 사유나 또는 인식의 대상일 수 없다. 포괄자는 사유 및 인식의 영역을 초월해 있다현유 250.

야스퍼스는 이 포괄자의 체험으로 초월해 가는 방식에는 두 가지가 있다고 주장하고 있다. 하나는 '주관·객관의 분열'의 배경이라는 측면에서의 이해 방식이고, 다른 하나는 '지평 *Horizont*'의 측면에서의 이해 방식이다.

1

'주관 · 객관 분열'의 배경으로서 포괄자

야스퍼스는 『철학입문*Einführung in die Philosophie*』에서 "철학은 무엇이 존재하는가라는 물음과 함께 시작했다"Einf 24고 말하고 있다. 세계 안에는 수없이 많이 존재하는 사물, 즉 여러 가지 형태를 가진 무생물과 생물이 존재하며, 이 모든 것은 왔다가 가곤 한다. 그러나 본래적인 존재, 즉 모든 것을 함께 묶어 두며, 모든 것의 기초가 되고 또 존재하는 모든 것이 거기에서 생겨나오는 그러한 존재는 무엇일까? 이 물음에 대하여 주어진 답은 한결같이 세계 내에 나타나는 어떠한 존재를 가리키고 있고, 이 경우 이 존재자는 그것이 만물의 근원이라는 특수한 성격을 지니고 있어야 한다는 것이다Einf 24.

이러한 입각점들마다 자신의 입각점만이 유일한 것으로 자처하고 존재하는 모든 것을 자기의 근본견해에 의해 설명하려고 할 경우에는 그것은 그릇되게 된다. 이러한 그릇된 입각점은 존재를 대상으로서 나에게 맞서는 그 무엇으로서, 즉 내가 나에게 대립하는 객관으로서 그것을 사유하면서 지향하고 있는 그 무엇으로서 파악한다는 것이다.

우리가 어떤 대상을 사유하기도 하고 그것에 대하여 말하기도 하는바 그 대상은 항상 우리와는 다른 것이며 우리가 주관으로서 지향하고 있는, 우리에게 맞서 있는 것, 즉 객관이다.

만일 우리가 우리 자신을 사유의 대상으로 삼는다면 우리 자신이 타자가 되고 또 항상 그와 동시에 우리는 하나의 사유하는 자아로서 다시 거기에 있게 된다. 이 사유하는 자아는 자기 자신을 대상화하는 사유를 수행하지만, 그 자신은 객관으로서 적절하게는 사유될 수 없다. 그 이유는 그것이 언제나 한결같이 모든 객관화될 존재의 전제이기 때문이다. 우리의 사유하는 현존재의 근본상태를 우리는 '주관·객관의 분열die Subject-Objekt Spaltung이라고 일컫는다Einf 25. 이러한 현상을 다시 한 번 집약적으로 설명하면 다음과 같다.

인간의 인식, 사고, 의식이란 항상 그 무엇을 가지고 있다. 즉 인식하고, 사고하고, 의식하는 주관이 지향하는바 대상으로서의 객관을 가지고 있다. 인간이란 그가 사고하거나 의식하거나 간에 그의 사고 또는 의식의 근본구조에서 반드시 어떤 대상으로서의 객관과 대립하는 현상을 드러낸다. 인간의 사고와 인식에 있어서 사고하고 인식하는 주체에 대해 사고되고 인식되는 객체가 대립하고 있다는 전제는 명백하다현유 251. 이것은 인간의 인식이나 사고가 주관과 객관으로 분열하지 않을 수 없다는 것을 뜻한다.

아무튼 우리는 이 '주관·객관의 분열' 속에서 대상적인 것을 지향한다. 대상은 항상 우리의 의식의 내용으로서 외부적으로나 내부적으로나 우리에게 대립하여 존재한다. 이러한 입장은 '주·객의 분열' 속에 있는 현존재의 현상성에 관한 칸트의 근본사상에 근거한다.

야스퍼스는 칸트의 선험철학에서 모든 의식의 대상은 '물자체物自體'가 아니고 항상 인식하는 주관에 대한 대상, 즉 의식에서의 물자체의 현상이라는 이해를 계승하고 있다.

칸트에 의하면 우리에게 대하여 존재하는 모든 것은 물자체의 현상으로서 직관과 사고의 형식을 통하여 우리 앞에 나타난다. 다시 말해서 이러한 존재는 우리가 그것을 아는 방식대로 우리에게 나타나는 것이며, 존재 그 자체인 바 그대로가 우리에게 나타나는 것은 아니다. 따라서 존재 자체는 우리에게 대립하여 존재하는 객체도 아니고 인식하는 주관도 아니며 이 주·객 양측을 통일하는 일자, 곧 주·객의 포괄자이다철신 181.

야스퍼스가 존재에 관해서 말할 때 그것은 주관·객관 관계에서 직관형식과 범주들로부터 독립하는, 즉 주관에 의해서 선구성先構成되지 않는 어떤 경험도 가능하지 않기 때문에 적절히 경험되지 않는 그러한 존재를 지시한다. 그러므로 야스퍼스는 다음과 같이 말한다.

주관만도 아니고 객관만도 아니고, 오히려 주관·객관 분열 가
운데서 그 양쪽에 나타나는 존재를 우리는 포괄자라고 부른다.
비록 이 포괄자가 적절히 대상이 될 수 없다고 하더라도 우리는
이 대상에 대해서 말하기도 하고 또 철학함 가운데 이 대상에게
말하기도 한다. _GI 15

야스퍼스에게서 전체로서의 존재는 이처럼 객관일 수도 없
고 주관일 수도 없고, 주관·객관을 포괄하는 포괄자가 아니
면 안 된다. 이 포괄자가 이 분열 속에서 현상으로 된다는 것
만은 명료하다Einf 25.

존재 자체가 대상, 즉 객관이 될 수 없다는 것은 이와 같이
명백하다. 따라서 나에게 대상이 되는 모든 것은 포괄자로부
터 나와서 나에게로 오고, 그리고 나는 주관으로서 포괄자에
서 나온다. 대상은 자아에 대해서 존재하는 일정한 존재이다.

그러므로 야스퍼스가 이 포괄자 개념을 가끔 비대상적 본래
적 존재를 언표할 때 사용한다는 점은 명백해진다. 말하자면

이러한 비대상적 본래적 존재는 '존재 자체', '본래적 현실', '존재의 전체', '존재의 통일', "우리가 그것의 것이고 그것 자체로서 존재하는 바의 일체의 근거"W 122, '근원', 또는 '초월자' 등으로 불린다.

존재는 간접적으로나마 과학적 탐구의 경험에는 나타나지 않는 초월자다. 초월자는 단지 포괄하는 것으로서 가차 없이 '현존하는 것', 그것은 보지도 못하고 알지도 못하는 그러한 것이다. _VE 43

포괄자는 항상 사유되어 있는 것에 있어서 다만 자기의 존재를 알릴 뿐인 그러한 것이다. 그것은 그 자신이 직접 우리 앞에 나타는 것이 아니라, 오히려 그것 속에서 다른 모든 것이 우리 앞에 나타나는바 그러한 것이다Einf 26. 『진리에 관하여』에서 야스퍼스는 포괄자 개념의 특징을 다음과 같이 규정짓고 있다.

딛고 넘어갈 수 없는 것, 그 자체를 직접 파악할 수 없는 것, 우리가 거기에서 존재하고 그것 때문에 우리가 결코 개관할 수 없는 것, 우리가 인식 가능한 대상을 규정하고자 할 때 포괄해버리는 그러한 것을 포괄자라고 부른다. _VW 26

야스퍼스에 의하면 포괄자를 철학적으로 생각해내는 것은 근원적인 것이 우리를 맞이하는 여러 공간의 개명이다. 그 공간은 그 안에서만 아는 것이 가능하지만 그 스스로는 알려지지 않는 그러한 공간이다VW 158. 포괄자는 우리의 의식에 대해서는 어두운 것이다. 포괄자 자신은 대상이 될 수 없다. 포괄자 자신은 배경으로 남아 있을 뿐이다KlSch 30.

2
지평을 통한 포괄자에 대한 이해

나의 사고나 인식은 항상 일정한 입장에 한정되어 있다. 의식화되어 명백한 것으로 되면서 나에게 나타나는 대상들은 다른 대상들과 구별된 것으로서 타자와 관련하고 또 그것을 사고하고 인식하는 나와의 관계에 있는 한 그 특정의 대상이나 알려진 존재는 결코 존재의 전체일 수 없고 그때마다의 지평에서 대상으로 되고 인식될 뿐이다. 예컨대 지평과 나와의 관계에서 지평은 저만치 떨어진 곳에 있으면서 나를 그 지평 안에 가두고 머물러 있게 한다. 내가 저만치 떨어진 곳에서 분명히 보이고 동시에 나를 그곳으로 오라는 듯 손짓을 하며, 그리고 나는 저 지평을 향하여 가까이 걸어간다. 그러나 지평은 내가 가까이 갈수록 뒤로 물러나곤 한다. 지평과 나 사이에 존재하는 거리는 결코 좁혀지지 않고 항상 나를 그 지평 가운데 가두어버리고 동시에 일정한 위치에 머물러 있게 할 뿐이다. 이 경우에 각 지평은 나로 하여금 그 안에 머물게 하고 그 이상의 전망을 거부하게끔 한다현유 252. 물론 나는 하나하나의 대상적 지식이나 의식에 만족하지 못하고 세계의 전체 또는 일체의 대상적 존재를 하나의 지식 또는 체계로서 포착하려고 하지만, 이때도 역시 그것은 존재자 전체에 대한 특수한 파악으로서 그것에 상응하는 하나의 지평에 한정된다학위논문 110. 야스퍼스는 다음과 같이 제시하고 있다.

우리가 어디에 도달하든지 간에 도달된 것을 에워싸는 지평이 같이 따라다닌다. 지평은 항상 새로이 또 거기에 있고, 그것은 단순한 지평이었지 완결이 아닌 까닭에 모든 최종적인 머묾을 포기할 것을 강요한다. 우리는 결코 제한하는 지평을 지양할 수 있는 입장에, 즉 거기에서 무지평적으로 완결된, 따라서 벌써 그 이상을 지시하지 않는 전체를 개관할 수 있는 입장에 도달하지 못한다. _VW 37-38

우리에게 나타나는 대상은 항상 하나의 지평 안에 존재하는 것에 불과하며, 결코 존재 자체는 아니다. 이와 같은 것을 경험하고 자각하면서도 결코 단념하지 않고 존재 자체에 대한 물음을 지속적으로 물을 때 우리로부터 물러서서 숨어버리는 존재 자체는 우리 인식의 한계로서, 즉 벌써 어떠한 지평도 아닌 그리고 모든 지평을 싸잡아 넘어선 것으로 감지된다현유 253.

우리의 어떠한 지식과 인식도 일정한 지평에 한정되어 있다는 것을 경험한 이후에도 계속해서 존재 자체를 물을 때 대상도 아니고 형성된 전체라는 지평도 아닌 이 존재를 야스퍼스는 포괄자라고 부르고 있다VW 38.

존재 자체로서 포괄자는 단지 포괄하는 것으로서 하나의 지평이 아니고, 오히려 모든 새로운 지평이 거기에서 비로소 비롯하는 존재이다. 그러므로 야스퍼스는 다음과 같이 말한다.

하나의 지평이 있다는 것, 그리고 이 지평의 저편에 모든 획득된 지평을 포괄은 하지만, 그 자신은 지평이 아니고 그 이상의 것이 제시된다는 것에 의하여 우리에게 포괄자가 감지된다. _VE 35

야스퍼스는 이와 같이 우리들의 사상이나 인식의 지평성의 자각이란 관점에서 포괄자의 사상에 접근하고 있다. 그러나 우리가 위에서 말한 포괄자에 대한 두 가지 이해방식에서 포괄자 자체에 접근하지 않고 일자인 포괄자를 단순히 사유하고자 할 경우 포괄자는 주관과 객관의 양극으로 분열한다. 따라서 우리는 포괄자 자체 또는 존재 자체를 파악할 수 없고 '주·객 분열' 안에 나타나는 포괄자의 여러 양태만을 알 수 있을 뿐이다철신 181.

"포괄자론은 전통적 의미에서의 존재론이 아니라, 우리의 인식에 나타나는 포괄자의 여러 양태의 조명을 통하여 포괄자의 여러 양태 안에 자기를 나타내며, 동시에 이 모든 양태를 초월하는 포괄자 자체 또는 존재 자체를 간접적으로 확인하는 존재 탐구의 방법이다"철신 181. 여하튼 우리가 포괄자를 철학적으로 개명하려고 시도하자마자 일체를 포괄하는 비대상적인 하나의 존재가 일곱 가지의 포괄자의 양태로 쪼개진다.

구체적으로 말해서 우리가 포괄자를 개명하려고 할 경우 포괄자는 우리인바 포괄자로서 현존재, 의식일반, 정신, 실존과 존재 자체인 포괄자로서 세계, 초월자 등으로 쪼개진다. 이러한 쪼개짐에서 주체 측의 현존재, 의식일반, 정신과 그것들에 대응하는 객관 측의 세계가 내재적인 데 반해서, 실존과 그것에 대응하는 초월자는 주·객의 비약을 통해서 이루어지는 초월의 입장이다.

이러한 쪼개짐에 근거한 구분은 우리가 주체로서 현존재, 의식일반, 정신일 경우 이 주체에 대한 바깥쪽 객체는 세계이며, 우리가 주체로서 실존일 경우 바깥쪽 타자는 초월자이다는 것을 의미한다. 이러한 구분에 따른 여러 양태는 각각 독자성과 이질성을 가지며 그 양태들의 차이는 서로 근원을 달리하고, 그 양태들마다 각자가 일체이고, 그리고 그 지평에서 볼 때 다른 양태는 전적으로 무와 같고 서로 단절되어 있다학 위논문 115.

포괄자의 여러 양태는 각각 자기 자신만으로서 일체이고 전부이다. 그러나 포괄자의 여러 양태는 하나인 포괄자의 여러 구성요소라든가 각 분야와 같은 것이 아니다. 포괄자의 각 양태는 각자의 방식에 따라 하나인 포괄자를 우리에게 제시한다. 각 양태는 다른 양태와 구별되며, 그리고 그것은 특수한 것이다. 각 양태마다 그 자신만으로서는 전체이며, 전체적인 자기의 공간 속에 모든 다른 것을 포섭하는 성질의 것이다. 그러므로 야스퍼스는 다음과 같이 말한다.

어떠한 양태에서이든 우리가 그것을 개명할 경우 포괄자는 그때마다 어떤 의미에서 일체이다. 모든 타자는 포괄자의 한 양태 가운데 있고 그것과 불가분이다. _VW 124

요컨대 현존재의 포괄자에 대해 말하자면 다른 포괄자인 의식일반이나 정신은 현존재 안에서 현상한다VW 124. 그리고 또한 포괄자의 한 양태로서의 세계는 초월자와 대립하는 존재의 일부 또는 한 분야가 아니라 내재적으로 본 한에 있어서 존재의 일체이며, 존재의 일체가 거기에서 현상하는 전체이다.

이러한 근거에서 볼 때 모든 포괄자는 구체적 개명에서는 항상 포괄자의 한 양태이지만, 그것은 다른 양태를 지시한다. 이러한 지시에 따라 하나의 양태에서 다른 양태를 향하여 돌파해 감으로써 우리는 마침내 최종적으로 하나인바 포괄자, 즉 포괄자의 포괄자, 포괄자 자체를 체험한다. 그러므로 포괄자의 양태들은 이러한 근거에서 말한다면 포괄자의 암호들이다.

야스퍼스의 포괄자 존재론은 본래적 존재로서 존재 자체, 이른바 철학적 신에 대한 이해, 초월자를 지향하는 초월을 체험 가능케 해주는 존재 이해의 방법론으로 생각됨직하다.

10

정치철학 – 도덕적·정치적 전향

야스퍼스의 철학사상을 전기, 중기, 후기로 나누어서 특징 지운다면 전기에는 주로 현대의 정신적 상황에 대한 진단, 과학으로서 정신병리학의 한계 및 인간의 현존 분석을 비롯한 현대과학의 의의 및 극복과 관련한 세계정위가 주로 논의되고 있고, 중기에는 한계상황에 직면하여 절망함으로써 초월자로부터 실존을 증여받는 문제, 즉 실존개명이 논의되고 있고 후기에는 형이상학과 정치철학이 논의되고 있다.

특히 야스퍼스는 만년에 주로 독일의 현실정치와 동독문제를 직접적으로 논의하는가 하면 냉전시대에 관해 핵과 관련한 미·소 간의 문제, 동유럽 블록, 그리고 대동독정책 등을 비롯한 세계평화에 대하여 신문, 잡지, 라디오, TV에서 많이 언급하고 있다. 야스퍼스가 이러한 언급을 통해서 주장하고 지향하는 것은 냉전종식, 전체주의의 파기, 그리고 세계평화의 구축이다. 야스퍼스는 이러한 정치철학적 이념을 실현하기 위해서 무엇보다도 나치 독일의 출현과 나치 독일이 저지른 죄상에 대한 모든 독일국민의 도덕적 죄의식 및 도덕적 반성, 전후에 경제적 복구와 정치적 새 질서의 형성을 명분으로 삼은 전체주의에 대한 세계인들의 억제 등을 위해서 독일국민 및 인류의 자기 내면에서의 도덕적·형이상학적 전향, 즉 실존적 전향을 감행하지 않으면 안 된다고 주장하고 있다. 다시 말해서 국가의 정치적 안정, 자유이념의 구현, 핵전쟁의 억제, 전체주의로부터의 해방, 그리고 세계평화질서의 구축을 현실화시키기 위해서는 근본적인 대전제로 오늘날 세계인의 가슴마다에 도덕적·형이상학적 전향이 구현되지 않으면 안 된다고 야스퍼스는 생각하고 있다.

1
평화 구축과 형이상학적 전향

한 국가나 세계가 정치적 평화를 구축하기 위해서는 정치적 위기의 상황에 직면하여 그 국가의 국민이나 그 시대마다의 인류가 도덕적·형이상학적 전향을 감행하는 결단이 불가결하다. 이러한 전향은 야스퍼스에게서는 근본적으로 실존적 전향die existentielle Umkehr을 의미한다. 그러므로 정치적 위기로부터의 해방은 실존적 전향을 기초로 한 정치적·도덕적 전향에 의해서 가능하다고 보는 것이 야스퍼스의 관점이다.

이러한 전향의 사상은 야스퍼스가 제2차 세계대전 직후에 보여주었던 이른바 나치 정권하에서 독일국민이 저질렀던 죄책 문제에 대한 비판적 반성의 배후에 이미 중심사상으로 내재하고 있다. 1946년에 출판된 『죄책론Die Schuldfrage』에서 야스퍼스는 전후 세계가 나치 정권의 범죄에 대해, 독일국민 모두의 공동책임이라고 비판함으로써 그 당시 아주 자주적인 독일국민까지도 싸잡아서 질타하던 비난에 대하여, 이분화二分化된 시각을 가지고 반론을 제기하고 있다Sf 44. 그의 입장에 따르면 나치 정권이 저지른 범죄에 대해서 무조건 독일국민 전체가 형사상의 죄책을 가질 수는 없다는 것이다. 이 나치 정권의 범죄에 대한 형사적 책임은 전승국의 재판에 의해서 그리고 새로이 설치된 독일 법정에 의해서 최종판결을 받는 그런 독일인들에게만 해당된다는 것이다. 그러나 나치 정권 아래서 살았던 모든 독일국민은 정도의 차이는 있다고 하더라도 여하튼 그 당시 독일 땅에서 나치국가가 건설되고 그 국가 기능이 발휘될 수 있었다는 데에 대한 정치적 죄의 일정한 몫을 나누어 가지고 있다는 비판만은 피할 길 없다. 더욱이 이러한 정치적 죄는 나치 국가에 의해서 야기된 손상과 그 물리적 복구에 대한 공동책임까지도 더불어 포함하고 있다.

그러므로 형사적인 죄와 정치적인 죄가 범죄자의 처벌에 의해서 그리고 히틀러의 나치 독일로부터 공격받은 여러 국가와의 배상계약과 평화조약에 의해서 속죄될 수는 있는 데 반해서 도덕적 죄는 처벌과 보상에 의해서는 지워질 수 없고, 또 그렇다고 해서 전승국에게 아첨하거나 품위를 잃고 비굴하게 죄를 인정하는 것에 의해서도 지워질 수 없다. 이러한 두 가지 형식에 의해서 죄를 극복한다는 것은 도덕적·정치적 사고방식의 '내적 변화'와 철저한 전향의 과정 속에서 한 사람 한 사람의 독일인에 의해서만 온전히 수행될 수 있다.

죄책 문제에 대한 야스퍼스의 논술에서는 우리가 한계상황에 있어서 자기생성의 이념과의 관련에서 비로소 알게 되었던 여러 가지의 표상이 반영되고 있다. 야스퍼스는 나치 시대에 일종의 정치적·도적적인 한계상황을 보고 있다. 이 한계상황은 배제전략排除戰略에 의해서 극복될 수 있는 것이 아니고, 오히려 나치 정권으로의 발전이라는 사회적·경제적·정신적인 전제가 '내적 행위' 속에서 마무리되지 않으면 안 된다라는 하나의 성실한 자기반성의 과정에 의해서 극복될 수 있다. 모든 개인이 자기의 개인적 죄책 분담에 대한 사유에 의해서 행하지 않으면 안 되는 이러한 반성의 과정은 국가사회주의의 파멸 이후의 도덕적·정치적 전향의 불가결한 조건으로서 간주된다.

야스퍼스가 전향의 이념과 결부시키고 있는 목표들 가운데 하나는 가능한 한 나치 시대의 모든 유물을 철저하게 청산하는 데 있다. 야스퍼스가 생각했던 것과 같은 정도로 이러한 청산이 이루어지지 않았다는 것은 『독일연방공화국은 어디로 가고 있는가Wohin treibt die Bundesrepublik?』라는 책에서 행한 그의 예리한 비판에서 잘 나타나 있다. 그는 이 책에서 나치 정권에서 범죄적인 일에 관여했던 사람들이 여전히 독일연방공화국에서 일하고 있다는 현실을 탄핵하고 있다. 더욱이 그는 이 책에서 비非나치화化 정책을 수미일관首尾一貫하게 수행하지 못한 아데나워Adenauer를 책망하고 있다. 그는 또한 여기서 키징거Kiesinger와 브란트Brandt의 CDU-SPD 연립내각에 대해 한때 '독일국가사회주의노동당National Sozialistische Deutsche Arbeit-Partei, NSDAP', 이른바 나치Nazi당의 당원이었던 키징거가 서독 수상으로 선출되었다고 하는 정세를 예리하게 비판하고 있다.

나치 시대의 한계상황 속에서 독일국민이 실행하지 않으면 안 되었던 도덕적·정치적 전향에는 야스퍼스의 관점에서 본다면 권력국가적 사유의 포기도 포함된다. 야스퍼스는 1945년 자유민주주의의 기초 위에 새로운 독일 국가를 세우는 과정에서 헌법에 관한 어떤 광범위한 공개적 논의도 행하지 않았고 이와 동시에 계몽과 자기교육의 과정이 국민 속에서 일어나지도 않았다는 것을 태만으로 간주하고 있다. 새로이 수립한 국가 형태도 또한 권력상의 상층부의 논의와 동의 속에서만 제정되었을 뿐이고 그것이 국민의 비판적 논의와 보편적인 동의 속에서 설정되지 않았다고 그는 비판하고 있다. 1965년에 야스퍼스는 이러한 비판의 맥락에서 다음과 같이 요망하고 있다.

새로운 국가를 위해서는 사고방식의 전향이 불가결하다. 가장 커다란 위험들 가운데 하나는 국민이 번영에 관여하는 한 자기들의 상황에 만족하고 있는 국민 쪽에서의 감내堪耐이다. 국민은 정치의 행보에 대해서 공동책임을 느끼지 않고 오히려 순종하고 있다. 그들은 우선 자기들이 그곳으로부터 벗어나올 수 있는 길이라곤 전혀 찾아낼 수 없는 교도소에서 마침내 자기를 재발견할 때까지 알아차릴 수 없는 족쇄를 견디어내고 있다. _BR 191

이 인용문을 담고 있는 『독일연방공화국은 어디로 가고 있는가』라는 책에서 야스퍼스는 독일연방공화국을 향해서 권위주의적 국가로의 발전에 대한 성실한 경고를 주고 있다. 그러므로 야스퍼스는 근본적인 토대에 있어서 평화로의 노력과 갈망을 저버리고 모든 자유민주주의적 국가의 이해에 역행하는 군부엘리트들에게 권력을 주기 위한 가능한 수단을 비상사태법 가운데서 보고 있다. 정당국가에 대한 그의 논박은 정당국가에 있어서 당 간부가 통치하는 과두정치에 대한 비판을 골자로 삼고 있다. 그는 국민을 정치의 과정으로부터 배제해버리는 당파적 과두정치가 생기生起하는 징후로서 다음과 같은 것을 지적하고 있다. 즉 대정당들의 연립의 형성, 국가적 정당의 자금조달, 구조적 불신임투표, 국정을 위탁할 경우의 당파적인 보호무역주의, 당파의 수상 후보자 선발, 정치적 스캔들에 관해서 의회의 통제가 결여하고 있는 능률, 선거할 때 국민을 바보로 만드는 선전광고, 유세 등이 바로 그것이다BR 130.

야스퍼스는 자기의 비판의 테두리 내에서 당에 구속받지 않고, 국민 속에서 자발적인 의지의 형성을 여러 번 변호하고 있고, 그렇게 함으로써 그는 수년 후에 연방공화국에 대해서 신좌익의, 즉 의회 바깥의 야당에 의하여 주장된 기본적인 민주주의의 많은 논거를 선취先取하고 있다. 비록 야스퍼스가 신좌익에 직접적인 영향을 전혀 미치지 않았다고 하더라도 공공연하게 표명된 정당 민주주의에 대한 그의 불평에 의하여 적지 않게 훗날의 좌익 비판을 위한 정신적 공명판共鳴板, ein geistiger Resonanzboden이 마련되었다.

야스퍼스가 주장하는 정치적·도덕적 전향의 목표는 민족국가적인 사유를 포기하는 데 있다. 야스퍼스는 이미 이 모든 생각을 구현할 만한 시의적절한 기회를 얻지 못한 시대에 '오데르 나이세 강die Oder-Neiße Grenze'의 국경 승인과 한 핏줄의 독일 국가로서 동독의 승인을 위하여 진력하기도 한다. 독일

국가의 재통일과 영토적 통일을 향한 요구를 고집한다는 것은 야스퍼스에게 있어서는 제2차 세계대전 이후에 생긴 국제정치적 역학관계에서는 비현실적일 뿐만 아니라 정치적으로 위험하고 그리고 평화를 위협하는 것으로 생각되고 있는 것 같기도 하다. 참된 상호소통이 타자에게서도 존중되는 그러한 동등한 상대들 사이에서만 가능하다는 실존철학의 이념을 야스퍼스는 독립국가로서의 동독 인정, 동독에 대한 경제원조의 승인, 그리고 동독에 대한 우호관계 신청을 통해서 구현하고자 하고 있다. 그는 이와 같은 접촉을 통해서 동·서독 국가의 독일인 간의 상호접촉을 개선하는 것을 기대하기도 하고, 그리고 동구 블록의 테두리 내에서 동독 시민의 자결가능성과 자유를 간접적으로 촉진하는 것을 기대하기도 한다. 당시의 동독의 국가평의회의장이면서 독일 통일 사회당Sozialistische Einheitspartei Deutschlands, SED의 당 총재로서 울브리히트W. Ulbricht에게 야스퍼스는 친서를 보냈는데, 그 친서 속에서 그는 울브리히트가 양독 국가 간의 대화를 제의하고 있는 것을 높이 평가하고 있다. 그러면서도 야스퍼스는 이 위선적인 친구를 멀리하였는가 하면, 다른 한편으로는 이와 같은 대화를 요청하고 있는 그의 태도를 올바르다고 생각했다ABR 151ff.

야스퍼스는 동구정책에서의 하나의 전향에 대해서 신문지 상에 공개적으로 표명한 그의 사상을 통해서 대외정책의 방침 변경을 밝히기도 했다. 대외정책은 사회적 자유주의적인 연립에 의하여 실현되었고 그 이후에는 연방공화국에 있어서의 양대 정당 간의 어떤 대립점도 나타내 보이지 않았다.

야스퍼스에게 국가사회주의의 한계상황 속에서 체험했던 도덕적·정치적 좌절 이후에 나타난 연방공화국이라는 새로운 자유민주주의적 국가로서의 독일민족이야말로 실로 모든 인류가 살아남는 데 있어서 중요한 의의를 가지는 윤리적·정치적 전향과 갱신의 모범을 보여주는 선구가 되는 기회를 가지고 있었다HS 114.

2
세계적 한계상황과 실존적 전향

야스퍼스는 한계상황과 필요불가결한 전향에 관한 사유의

동기를 독일국민에게 적용할 뿐만 아니라 자기의 정치철학을 가장 간결하게 표현하고 있는 『원자폭탄과 인류의 장래*Die Atombombe und die Zukunft des Menschen*』라는 책에서 '전 인류는 하나의 한계상황 가운데 있다'라는 하나의 명제로서 제시하고 있다. 이러한 전 세계적인 한계상황은 현대에 이르러 이제까지 인류 역사에서 아직 한 번도 존재하지 않았던 다음과 같은 두 가지의 위험에서 생기고 있다.

① 핵전쟁에 의해서 인류가 전체적으로 자기 파멸할 가능성
② 본래적인 인간존재가 의미하는 것으로서의 일체의 것(자유, 인간의 존엄, 사랑의 소통)이 무無로 돌아가 버리는, 이른바 세계적인 전체주의적 지배체제가 수립될 가능성

야스퍼스는 과학적·기술적 발달의 결과로 생긴 이러한 두 가지의 위험을 극복하기 위하여 가능한 한 많은 인간에 의한 전 세계적인 한계상황의 실존적 의식과 자기화가 필요하다고 주장한다.

저 파국이 부단히 가능성으로서, 즉 개연성蓋然性으로서 눈앞에 있다는 것은 오늘날 자기성찰으로의 강력한 찬스이면서 정치적으로 갱신하고, 그리고 이 갱신을 통해서 파국을 방어하는 유일한 찬스이다. _A 24

야스퍼스는 세계적인 한계상황을 극복함에 있어서 하나의 구제책을 제공하는 데 그 근본의도가 있는 그러한 역사철학도 전개하고 있다. 이러한 역사철학의 전개를 통하여 야스퍼스는 "세계사를 구조화하고 인류역사의 통일성과 그 가치를 구하는 하나의 도식을 찾기에 이르렀다. 그는 이러한 경험적 사실을 근거로 해서 정신적 기점을 찾게 되었다"평화 363. 그는 이 정신적 기점을 '추축시대樞軸時代, die Achsenzeit der Weltgeschichte'라고 부르고 있다. 이 추축시대는 BC 800년에서 BC 200년까지의 시기이다. 『역사의 기원과 목표Vom Ursprung und Ziel der Geschichte』에서는 세계사의 추축시대를 의식하도록 함으로써 지극히 다른 문화적 전통을 가진 민족들에 있어서의 역사적인 자기이해에 공통하는 하나의 틀을 만들고자 하는 야스퍼스의 도덕적·정치적 의도가 아주 중요한 것으로 기술되고 있다. 세계사에 일정한 구조와 통일을 부여하는 추축시대의 의식으로부터 현대의 정치적·세계관적·문화적·국가적 입장이라는 소견이 좁은 연방분립주의를 극복해서 다른 세계와 문화 간의 전 세계적인 상호소통을 촉진하는 충동이 나와야 한다는 것이 야스퍼스의 생각이다. 그가 보는 바로는 모든 특수한 세계의 경계를 초월한 상호소통과 역사적으로 기초 지워진 민족들 간의 서로 이해하는 노력이 절대적으로 필요하고, 따라서 그렇게 함으로 해서 인류는 전 세계적인 한계상황과 위기상황으로부터 구제될 수 있다.

야스퍼스는 모든 국가에 대하여 다음과 같은 것을 요구함으로써 미래의 세계질서와 세계평화의 일반적인 원칙들을 획득하고자 노력하고 있다.

① 폭력과 자의恣意에 반대하여 합법성을 원칙적으로 승인할 것.

② 법적 수단에 의한 동등권의 원리와 부당성을 수정하는 수속절차를 승인할 것.

③ 보편적 동의에 의해서 제정된 국제적 제위원회의 결정에

반대하는 절대적 통치권이나 거부권을 포기할 것.

④ 자유로운 비밀선거의 결과를 존중할 것.

⑤ 모든 검열을 폐지하고, 따라서 보도의 세계적 공포를 가능하게 할 것.

⑥ 공공연한 정치적 행사에 가능한 한 많은 인간이 참가하여 공동책임을 가질 것.

야스퍼스는 미래의 세계질서에 대한 자기의 경고적인 깊은 고찰에 있어서 칸트가 『영원한 평화를 위하여*Zum ewigen Frieden*』라는 저서에서 고려했던 바와 같이 세계공화국eine Weltrepublik 및 모든 국가들의 연합eine Förderation allen Staaten이라는 이념을 하나의 모범으로 인용하고 있다. 그러나 야스퍼스는 칸트와 마찬가지로 하나의 중심이 되는 군대가 통치하는 세계국가의 이념을 거절하고 있다. 왜냐하면 세계국가와 결부되어 있고 자유에 적대적인 전체주의적인 의미가 이러한 이념에 포함되어 있기 때문이다. 그는 말하자면 세계국가를 지향하기보다도(세계국가는 세계제국이다) 법적으로 한정된 영역 자체를 관리하면서 교섭하고 결의하는 가운데 끊임없이 새롭게 개혁되어가는 국가들의 질서를 지향한다. 즉 그는 포괄적인 연방주의ein umfassender Förderalismus를 지향한다.

미래의 평화적인 세계질서라는 제도적 관심사에 대해서 이처럼 불충분하고 비교적 일반적인 논평으로부터 눈을 돌린다면 야스퍼스가 전향으로의 요구와 결부지우고 있는 여러 가지의 전망과 목표는 본래부터 개인적·공적·정치적인 도덕의 영역에 있음을 알 수 있다. 그러므로 야스퍼스는 막스 베버의 현실주의적인 정치개념을 모방해서 첫째로 권력정치로서 이해되는 '옛 정치alten politik'로부터의 전향을 요구한다. 지금까지 실천되어 왔던 모든 정치가 이해利害와 권력의 요구를 관철하기 위한 투쟁이었다면 세계평화의 상태를 목표로 하는 '새로운 정치die neue Politik'는 모든 특수한 집단의 이해와 권력의 야망을 뛰어넘는 '초정치적인 것das Überpolitisches'에 의해서 규정되지 않으면 안 된다고 그는 주장한다. 이러한 초정치적인 것이라는 개념과 관련해서 도덕적 이념, 에토스Ethos, 희생적 용기, 이성 등에 관해서 말하자면 야스퍼스는 여기서 실존적 도덕적 차원을 지시하고자 하고 있다.

비록 야스퍼스가 정치에 대해 철저한 전향의 불가결성을 자주 말하고 있다고 하더라도 마르쿠제H. Marcuse가 주장한 바와 같이 현대의 전 세계적인 위기상황이 유일한 혁명적 비약에 의해서 극복될 수 있다는 그러한 사상을 그는 결코 가지고 있지 않다. 이러한 혁명의 구상은 결국 근대적 산업사회에서는 광범위하게 영향을 미치는 사회적 변화가 이미 수미일관된 연속적 혁신을 뛰어넘어 설 경우에는 가능하지 않고, 오히려 사회 전체적 유기체론적인 사회실험EH 66ff.을 뛰어넘어 설 경우에만 가능하게 되는 그런 표상이다.

비록 야스퍼스가 위기와 전향이라는 명제에서 가끔 이분법적으로 첨예화된 모든 범주에 의해서, 즉 옛 정치-새로운 정치, 단순한 정치가-이성적인 정치가, 전체주의적 세계-자유 세계, 권력정치-초정치적인 것, 세계제국Weltimperium-세계연합Weltföreration, 전체주의적 지배-자유, 대중-자기존재, 이데올로기-에토스에 의해서 마르쿠제의 사회비판적 논증의 구조적 특징이라는 것을 논증하고 있다고 하더라도 그가 마르쿠제와는 대조적으로 사회변화의 점진주의적 구상을 대표하는 사람인 것만은 분명히 판명되고 있다.

야스퍼스는 개인주의나 전체주의의 방법론적인 사회변

혁에 반대하고 있는 포퍼K. Popper가 현대의 철학적인 사회
이론EH 51ff.에 관하여 주장하고 있는 '점진적 공학Piecemeal-
engineering'이라는 구상에 매우 가까이 서 있다.

새로운 정치는 우선 아직까지는 현재하고 있지만, 극복해야만
하는 옛 정치의 궤도 위를 달리고 있음이 틀림없다. 한 사람 한
사람의 인간이 전향을 가능하게 하는 것이 곧 모든 인간 사회에
서 전향을 가능하게 할 수 있는 것은 아니다. 그것은 새로운 것
을 한번에 수립하는 것이 아니다. 그것은 전체적인 무정부 상태
와 전제專制에 의해서만 성급하게 행해질 수밖에 없을 것이다.
정치적인 전향은 옛 정치의 틀 내에서 새로운 정치를 성장하게
하고 새로운 것에 의해서 옛것을 버리고 살 수 있을 때까지 옛
궤도를 새로운 감각으로 만족시키지 않으면 안 된다. 이러한 과
정은 단독자의 결단에 기초해서 공동적으로 생성된다. _A 840

그 전망대로부터 바람직한 새로운 정치를 촉진시킬 수 있는
그러한 미래의 제도들, 법적 경제적인 조직형태, 국제법조약
등에 관련하는 구체적 제안들을 야스퍼스로부터 기대한다면

실망하게 될 것이다. 그러나 국제법적·헌법적 또는 조직사회학적인 문제에 관해서, 가령 의심스러운 정신적·사회적·정치적인 발전을 공공연하게 의식하게 하고 사변적으로 비도그마적인 방식에서 일면적으로 고정된 사고방식과 행동방식에 대해서 양자택일적인 태도의 가능성과 도덕적인 관점을 눈앞에 이끌어내 오려고 할 경우에 깊은 숙고를 감행한다는 것은 결코 철학자의 과제는 아니다.

3
핵전쟁과 전체주의

　야스퍼스가 경고하고 있는 바로서 방사능에 의한 집단적인 죽음과 더불어 인류를 위협하고 있고 마찬가지로 인류에게 철저하게 마주 서 있는 중대한 제2의 위험은 전체주의der Totalismus이다. 전체주의 내지 전체주의적 지배원리는 야스퍼스에게서는 정치적 자유와 본래적 인간존재의 원리에 대립하는 반대원리를 의미하고 있다.

야스퍼스가 전체주의적 발전을 경고함에 있어서 기초하고 있는 이상적·전형적 전체주의의 구상은 전체주의적인 지배체제에 관한 논의 속에서 반복적으로 강조하고 있는 바와 같이 지배기술적인 관점의 전 계열을 고려하고 있다. 전체주의적 지배의 유형에 속하는 것으로서는 다음과 같은 것이 있다고 야스퍼스는 주장한다.

즉 노동자, 농민 또는 모든 국민과 일치하여 존재하는 것이라고 주장하는 엘리트당, 합법적인 반대파를 배제하고 위험한 반대자나 공모자의 테러를 정당화하고자 하는 것에 대한 지속적인 지원, 국가와 사회의 통일 그리고 행정을 맡아 관리하는 지도적인 정당들에 유리한 권력통치권의 분할을 폐지하는 것, 모든 사람의 노동과 국가에 의한 생산수단을 마음대로 처분하는 권력, 지배 엘리트와 그 지도자의 전횡에 의한 법질서의 상대화와 법의 기능화, 한편으로는 지배 엘리트에 의하여 영구 당이탈자와 수정주의자에 대해서 방어하지만, 다른 한편으로는 필요에 의해서 다르게 해석되는 '참된 학설'을 하나의 실례로 이끌어내어

내세우는 것, 교육과 선전의 독점화 내지는 모든 정신적 행위의 검열을 정당화하는 조작操作에 기여하는 진리에 기초한 독점권의 주장, 경찰권과 군병력 관리권과 같은 통솔에 의한 절대적 통치권의 점유, 개인의 사적 영역에까지 선전이나 대량 테러의 개입(근대 기술의 발달에 의하여 비로소 가능하게 되는 현상), 테러라는 '기술적 장치technischen Apparat'와 관료주의라는 '익명의 기구anonyme Maschinerie'에 의해서 모든 생활영역을 서서히 지배하에 두는 것, 선전에 있어서 거짓의 계획적 이용, 지배 엘리트 속에 세계지배를 위한 도덕적·이데올로기적인 성향이 현존하는 것, 경제계획과 경제조직의 중앙집권화, 모든 사회적·경제적 그리고 역사적 과정에 대한 전체지ein Totalwissen가 존재할 수 있다는 확신으로부터 일체의 생활영역을 전체적으로 계획하고 합리적으로 관찰하는 것으로의 경향. _A 156ff.

이와 같이 전체주의적 사유의 전체, 총괄적 관점에 대한 비판에서 야스퍼스가 시도하고 있는 논증은 비판적 합리주의의 옹호자와 이러한 경향에 가까운 사상가들이 새로운 이데올로기 비판 및 정치철학에 대해서 실행했던 전체논리주의적·역사주의적 방식에 대한 비판과 많은 유사점을 나타내 보이고 있다.

야스퍼스의 이상적·전형적인 전체주의 개념이 가장 두드러지게 합치하는 실제상의 정치적·세계관적 관계점die realen politischen und weltanschaulichen Bezugspunkte은 야스퍼스가 보는 바로는 국가사회주의der Nationalsozialismus와 스탈린주의der Stalinismus이다. 이러한 관계점은 전체주의 이론가들의 특수한 구조, 방법, 지배의 기술 가운데서 탐구되는 그러한 새로운 지배유형의 가장 적당한 실현이었다. 국가사회주의의 지배체제와 스탈린주의의 지배체제 이외에 야스퍼스는 이탈리아에서의 무솔리니Mussolini의 파시즘 정체das faschistische Regime, 모택동의 중국, 그리고 후기 스탈린주의 시기에서의 소련을 전체주의의 전형적인 정체로 분류하고 있다.

야스퍼스가 전체주의의 전형적인 구상과 그러한 구상의 대표적인 실현으로 지시하고 있는 위의 정치적 이데올로기 및 국가를 제시함으로써 현대에 와서는 어떤 위장전술을 감행한다고 하더라도 그 실체를 드러낼 수밖에 없는 그런 전체주의의 징후들을 예리하게 분석하고 있다.

4
민주주의와 정치적 에토스

야스퍼스에게 민주주의는 전체주의에 대한 이념적 제도적인 대극對極을 형성한다. 그는 민주주의를 개인적·정치적인 자유와 최종적으로는 세계평화를 가능한 한 효과적으로 실현하기 위한 유일한 기회라고 생각하고 있다. 민주주의의 제도에 관해서는 야스퍼스는 '칸트의 공화제적 통치방법die Kantische Republikanische Regierungsart'을 찬성하는 언급으로 만족하고 있다. 이 때문에 그는 한층 철저하게 민주주의의 이념을 형성하는 민주주의의 에토스에 몰두하고 있다.

민주주의는 하나의 이념이다. 그것은 어디에도 완성될 수 없다는 것, 그리고 민주주의란 이상으로서는 직관적 표상을 멀리한다는 것을 의미한다. … 민주주의의 이념은 인간의 미완성의 의식에 상응하고 있다. _A 425

야스퍼스의 민주주의의 이념은 그의 이성 개념과 가장 긴밀하게 관련되어 있다.

이성은 효과와 지속을 획득하기 위하여 모든 민족 속으로 스며들어가지 않으면 안 된다. 그러므로 민주주의는 절대 필요하다. 민주주의의 의미는 어떤 한 민족과 모든 민족 상호 간의 공통된 사유와 행위에서 이성의 달성이다. 만일 이성이 세계평화에 의하여 원자폭탄을 효력이 없는 것으로 만든다면 그것은 정치적 삶의 형태로서 민주주의에 의해서만 가능할 것이다. _A 419

민주주의에 있어서 이성의 실현과 결부된 목표들과 요청들 가운데 가장 중요한 것으로서는 다음과 같은 것을 열거할 수 있을 것이다. 즉 전 국민을 자주적으로 공동사유하고 판단하도록 그리고 정치적 과정에 참가하도록 교육시키는 것, 정치적 논의·제안·계획 등의 공포와 비밀정치의 모든 형식 및 검열 실시에 대한 반대로서의 보도에 의한 무제한적인 확장, 민주주의적인 제도와 태도를 계속적으로 개선하기 위하여 이러한 제도와 태도에 대해서 영구적으로 비판하는 것 등이 그것이다.

민주주의는 자기비판을 요구한다. 민주주의는 그 현상을 개선함으로써 자기를 유지한다. _A 421

민주주의에서 모든 것을 규정하는 법칙과 지도의 성향으로서 선행하는A 422 이성은 이러한 목표와 요청에 의해서만 특징 지워지는 것은 아니다. 이성은 이미 현존하고 있는 민주주의의 현상형식이 경직되고 고정화되는 것을 방지하고, 그리고 확립된 민주주의적인 제도, 사고방식, 정치적인 과정, 행동형식을 영구히 변화시키고 개선하기 위하여 개현성을 보증한다. 이성은 동시에 이와 같은 기능에 관해 부단히 자기비판하는 동인 및 민주주의의 이념에 위배되는 반자유의 경향을 비판하는 동인으로 나타난다.

이성은 또한 내가 나를 향해서 마음의 문을 열어젖히게 하고, 내가 너를 향해서, 그리고 네가 나를 향해서 마음의 문을 열어젖히게 한다. 이처럼 열어젖힌 상태에서 내가 너의 가슴속으로 네가 나의 가슴속으로 들어와서 그릇된 부분, 즉 비인간적이고 세속적이고 퇴폐적인 것을 가차 없이 비판하는 이른바 사랑의 투쟁을 이성은 촉구한다. 이성의 이러한 촉구에서 너와 나 간에 실존적인 상호소통이 이루어지고 이 실존적인 상호소통에서 너와 나는 본래적 자기로서 현실적 실존을 구현한다. 야스퍼스는 이러한 실존적 상호소통을, 즉 상호소통의 상대자들 간의 '수준의 동일성Niveaugleichheit'과 '실존의 연대성existentieller Solidalität'을 정치적으로 행위하는 사람들에 대한 다음과 같은 호소로서 공식화하고 있다. 즉 그 특성, 특질, 특수한 삶의 형식에 있어서 다른 인간과 민족을 편견 없이 받아들이고 존중하는 것, 그 인종적·언어적·문화적 이종異種을 무조건적으로 존중하는 것, 특히 자기의 국가 내의 소수파에게도 적용되는 것을 존중하는 것, 자기의 집단과 비교해서 그 발전 가능성이 생소한 집단에도 원칙적인 동등성을 무조건 시인하는 것(민족주의적인 입장과 편견의 철폐), 다른 인간집단과 민족의 발전의 기회를 개선하기 위하여 사욕 없이 종사하는 것, 즉 경제적 미개발 집단과 민족을 원조할 경우에 불손한 자선의 정신적 태도와 낮추어 보는 후견인의 태도를 취하지 않는 것, 낯선 집단의 문화적 특성을 평균화하는 문화제국주의적인 경향Kulturimperialistische Tendenz에 마주 서는 것 등이 그것이다.

이러한 도덕적 이념은 현실정치에 대하여 지나칠 정도의 고도의 요구를 환기시킬 수 있다. 다시 말해서 그것은 도덕적으로 고양된 민주주의를 염원하게 하고 이와 동시에 실제의 정치적 과정과 행위를 도덕적 측면에서 비난 가능하게 만든다. 결국 그것은 궁극적으로 완전주의자적인 민주주의의 이상상을 양식화시킬 수 있다. 야스퍼스는 이러한 도덕적 이념이 이처럼 현실정치에서 야기시킬 수 있는 일종의 고정적인 도그마로부터 벗어나기 위해 민주주의를 반도그마적인 관점에서 하나의 규제적인 중심이념eine regulative Leitidee으로서 이해해야 한다고 주장하고 있다. 그러므로 야스퍼스는 민주주의를 도그마적으로 고정시킨 완전주의자의 이상상으로서가 아니라 언제라도 수정 가능하고, 그리고 항상 점진적 접근만이 있을 수 있는 그러한 방위결정의 이상Orientierungsideal으로서 이해해야만 한다는 견해를 나타내고 있다.

인간이 자기의 개인적인 자기실현에 대해서 결코 완전할 수 없는 것과 마찬가지로 사적으로나 공적으로 행위하는 도덕적 존재로서, 사회적·정치적인 제도들을 계획하고 설정하는 존재로서, 그리고 지적·정치적으로 사유하는 존재로서 결코 완전할 수 없다. 인간 본질의 원칙적인 불완전성과 오류 가능성에 대한 시인은 야스퍼스의 자유주의적인 세계관의 틀 안에서 다음과 같은 결론을 도출 가능하게 만든다.

① 정치적인 과격주의를 특색지우고 있는 완전주의자의 이상으로의 도그마적 고정화는 비현실적·비인간적으로 나타난다.

② 패배주의적·소극적·정치적 신조의 태도와는 대조적으로 보다 많은 자유, 다원성, 개현성, 민주주의를 적극적으로 철저하게 지지하는 불가결성이 시사한다.

야스퍼스가 주장하고 있는 자유주의적 세계관의 본질적인 특징들을 다렌도르프R. Dahrendorf는 다음과 같은 말로 요약·서술하고 있다.

자유주의에서는 개인이 중요하다는 것을, 즉 개인의 안전을 지키고, 개인의 가능성들을 개발시키고 그의 삶의 기회가 중요하다는 것을 확신하는 것이 도덕적이다. 집단, 조직, 제도는 자기

목적이 아니고 개인의 발전이라는 목적을 위한 수단이다. … 그러나 그때마다의 회답이 올바르고 또 언제나 올바른지 어떤지 하는 것에 대해서 적어도 약간의 확실성도 존재하지 않는다라는 인식론적 가정의 맥락에서 비로소 자유주의자의 개인주의는 그 의미를 획득한다. 우리는 원칙적인 불확실성의 지평 가운데 살고 있다. 절대적인 것에 대한 이와 같은 회의는 모든 시점에서 다른 해답과 시간을 초월하여 언제나 새로운 해답을 주는 것을 허용하는 모든 상황에 응한 요구, 즉 열린사회eine offene Gesellschaft를 향한 요구로 이끌어 간다. 자유주의자가 가지는 언론의 자유에 대한 관심, 그러나 변화를 원리에까지 끌어올리는 정치적 제도에 대한 관심, 이러한 의미에서 민주주의에 대한 자유주의자의 관심은 여기에 그 근거를 가지고 있다. _LT 134f.

야스퍼스의 이러한 자유주의적 세계관에서는 정치적 지도자의 이념은, 국민이라는 대중에 대한 모범적 인격으로서 신뢰에 의하여 받아들여진 권위이면서 중요한 교육기능을 실행해야 하는, 합리적인 개인의 이념이다. 이러한 합리적 개인의 이념은 나치 독재와 나치 지도자의 이데올로기에 있어서 책임의식적 카리스마적 지도자의 이념의 남용에 의한 경험에 따르면 도덕적 모범 및 민족의 교육자로서 민주주의 가운데서 작용하지 않으면 안 되는 이성적 정치가Vernünftiger Staatsmann라는 이념 속에 다시 나타나고 있다. 그러므로 야스퍼스는 다음과 같이 말하고 있다.

민주주의적 타입의 정치적 지도자의 인격성은 독재자가 아니다. 민주주의적 지도자는 오히려 언제라도 시민으로서 만족할 뿐이고 설득적이지만 명령적이지 않고 그렇다고 해서 카리스마적 우상은 더더욱 아닌 국가의 제1인자이다. _ABR 190

이성적 정치가는 단순한 권력정치가나 이해利害를 추구하는 정치가와는 달리 도덕적·정치적인 전향을 위하여 중요한 선구자의 역할을 수행하는 '이성적인 사람들의 공동체 Gemeinschaft der Vernünftigen'의 엘리트 대표로서 나타난다. 야스퍼스는 자기의 초기의 지도자 이념과 비교해서 이성적 정치가의 이념에 있어서 결정주의적 요인을 현저하게 제한하고 있다. 그는 이와 같은 인격성에 의한 사유와 행위를 이성 개념 및 정치적 도덕에 결부시킬 뿐만 아니라 모든 정치적 행위의 원칙적인 개현성의 성격 그리고 가능한 한 많은 국민에 의해서 이러한 성격을 통제해서 비판적으로 논의하는 불가결성을 강조하고 있다.

　야스퍼스의 정치철학, 즉 전체주의로부터 해방 및 자유민주주의로의 지향은 그의 실존적 상호소통에 기초하고 있다. 야스퍼스는 여하튼 정치적 집단으로서 정당들 간의 관계, 정치적 지도자와 국민 간의 관계는 근본적으로 너와 나 간의 동등한 수준에서의 실존적 상호소통에서 정초되지 않으면 안 된다고 주장하고 있다. 이러한 실존적 상호소통은 너와 나 간의 상호개현에서만 가능하다. 여기에는 서로가 서로를 사랑하는 이른바 사랑의 연대성이 그 저면에 내재하고 있다. 이 사랑의 연대성은 서로가 서로를 ─진리를 구현하는 지향성에서─ 성실하게 비판하고 지적하고 경고하는 사랑의 투쟁을 수반한다. 이러한 사랑의 연대성 또는 사랑의 투쟁에서 이루어지는 실존적 상호소통이 정치적 현실에 적용될 경우에 정치적 안정은 물론이고 전체주의의 파기 및 자유민주주의의 지속적인 구현은 필연코 가능적일 수 있다.

그러나 야스퍼스의 이러한 생각은 역시 서양의 전통적인 합리주의 및 관념론의 테두리로부터 벗어나지 못하고 있다는 점에서 지극히 관념주의적이다. 어떤 점에서 그의 이러한 생각은 정교할 정도로 고도의 전술, 전략, 책략으로 충만한 현대의 정치현실의 메커니즘 앞에서는 지극히 비현실적이고 비효과적이면서 낭만적인 환상이라는 비판을 피할 수 없다. 이것은 바로 야스퍼스의 정치철학의 한계일 것 같기도 하다.

약 어

1. 칼 야스퍼스의 저서들

A	Die Atombombe und die Zukunft des Menschen
ABR	Antwort. Zur Kritik meiner Schrift "Wohin treibt die Bundesrepublik?"
Ant	Antwort, in: P. A. Schilpp, Karl Jaspers
AP	Allgemeine Psychopathologie
Aut	Philosophische Autobiographie
BR	Wohin treibt die Bundesprepublik?
Ch	Chiffren der Transzendenz
E	Existenzphilosophie
Einf	Einführung in die Phiosophie
Ent	Die Frage der Entmythologisierung
EvP	Nietzsche. Einführung in das Verständnis Seines Philosophieren
GI	Der Philosophische Glaube
GP	Die Großen Philosophen
HS	Hoffnung und Serge
Klsch	Kleine Schule des Philosophischen Denkens
PsW	Psychologie der Weltanschauungen
Ph(I, II, III)	Philosophie I, II, III

PGO	Der Philosophische Glaube angesichts der Offenbarung
PW	Philosophie und Wissenschaft
RA	Rechenschaft und Augenblick
Sf	Schuldfrage
SchW	Schicksal und Wille
UZG	Vom Ursprung und Ziel der Geschichte
VE	Vernunft und Existenz
VW	Von der Wahrheit

2. 야스퍼스 철학에 대한 연구저서들

JE	Schüßler, Werner: Jaspers Zur Einführung
EH	Popper, Karl: Das Elend des Historismus
Ehw	Hersch, Jeanne: Karl Jaspers. Eine Einführung in sein werk
ExP	Bollnow, otto Friedrich: Existenzphilosophie
JF	Hersch, Jeanne: Jaspers in Frankreich
KJ	Salamun, Kurt: Karl Jaspers
KIP	Wallraff, charles: Karl Jaspers, An Introduction to His Philosophy
NPL	Saner, Hans (hrsg.): Nachlaß zur Philosophischen Logik
LT	Dahrendorf, R: Lebenschancen, Anläufe Zur sozialen und politischen Theorie
철신	야스퍼스 지음, 신옥희 옮김: 철학적 신앙
평화	백승균 지음: 칸트적 역사인식과 칸트의 영구평화론
학위논문	김복기 지음: 야스퍼스의 실존철학연구 (박사학위논문)
현유	정영도 지음: 현대유럽철학

세창사상가산책 7 | 칼 야스퍼스